fP

Tatuajes en el corazón

*El poder de la
compasión sin límite*

Gregory Boyle

Free Press

New York   London   Toronto   Sydney

Free Press
Una división de Simon & Schuster, Inc.
1230 Avenida de las Américas
Nueva York, NY 10020

Primera edición en rustica de Free Press, marzo 2010

FREE PRESS y su colofón son sellos editorials
de Simon & Schuster, Inc.

El capítulo nueve, "Hermandad", apareció en una versión
ligeramente diferente en la revista *Homeboy Review,* en abril de 2009.

El autor donará 100% de sus ingresos del libro a Homeboy Industries.
Homeboy Industries asiste a jóvenes en riesgo o que han estado
involucrados con pandillas para que se conviertan en miembros
positivos y contribuyentes a la sociedad, ayudándoles
a conseguir trabajo, entrenamiento y educación.

Para obtener información respecto a descuentos especiales en ventas
al por mayor, diríjase a Simon & Schuster Special Sales al
1-866-506-1949 o a la siguiente dirección electrónica:
business@simonandschuster.com.

La Oficina de Oradores (Speakers Bureau) de Simon & Schuster
puede presentar autores en cualquiera de sus eventos en vivo.
Para más información o para hacar una reservación para un evento,
llame al Speakers Bureau de Simon & Schuster, 1-866-248-3049
o visite nuestra página web en www.simonspeakers.com.

Impreso en los Estados Unidos de América

1   3   5   7   9   10   8   6   4   2

ISBN 978-1-4391-6098-5
ISBN 978-1-4391-7178-3 (ebook)

A los cuates y a las cuatas

Contenido

"Hoy... conmigo... en el paraíso".

—Lucas 23:43

Prefacio

Supongo que llevo más de una década intentando escribir este libro. La gente me animó constantemente a que lo hiciera, pero nunca sentí que tuviera la disciplina (o el tiempo) para hacerlo. Tengo guardadas todas estas historias y parábolas en el "Depósito de Almacenamiento Público" de mi cerebro, y desde hace mucho tiempo quiero encontrar un hogar permanente para ellas. Los "contenedores" típicos de estas historias son mis homilías en las misas donde celebro la Eucaristía en los veinticinco centros de detención (salones juveniles, campos probatorios e instalaciones de la Autoridad Juvenil). Ilustro el Evangelio con tres historias y generalmente cuento otra antes de la comunión. Una vez, después de la misa en uno de los campos probatorios, un cuate me tomó de las manos y me miró a los ojos. "Esta es mi última misa en el campo. Iré a casa el lunes. Voy a extrañar tus historias. Cuentas buenas historias. Pero espero... nunca tener que escucharlas de nuevo".

Además de mi ministerio en las prisiones, doy casi doscientas pláticas al año a trabajadores sociales, funcionarios de la ley, estudiantes universitarios, grupos parroquiales y educadores. Las historias también llegan allá: son los ladrillos con los que espero,

Prefacio

en este libro, acumular un mosaico temático que las mantenga unidas. Con un poco de suerte, tendrán un efecto liberador para que podamos ver más allá de los confines de aquellas cosas que limitan nuestra visión. Después de enfrentarme recientemente a un cáncer, comencé a sentir que la muerte realmente *no* podría ser una excepción en mi caso. Y al sentir que nadie sale con vida de esto, le pedí cuatro meses sabáticos en Italia a mi superior provincial John McGarry, S. J., quien me los concedió amablemente. Esto explica las manchas de *ragu de agnello* en algunas de estas páginas.

Hay varias cosas que este libro sabe que no quiere ser. No son las memorias de mis más de veinte años trabajando con miembros de pandillas. No seguiré una cronología narrativa, aunque daré una visión general de Dolores Mission y del nacimiento y de los comienzos de Homeboy Industries. Las siguientes historias necesitarán ese tipo de contextualización *at the gate* (como dicen los cuates) para tener sentido. Les recomendaré a los lectores la excelente narración de aquellos primeros días en Dolores Mission, que hace Celeste Fremon en su libro *G-Dog and the Homeboys* (G-Dog y los cuates). Su agudo retrato de los jóvenes y las jóvenes que lucharon con este fenómeno de las pandillas a comienzos de los años noventa en esa comunidad, se ha convertido en un estudio aun más eficaz y longitudinal sobre la sociología de las pandillas, después de sus dos actualizaciones recientes del material. (De todo el país me escriben jóvenes pandilleros después de haber leído el libro de Celeste, pues han quedado profundamente conmovidos. La mayoría dice que es el único libro que han leído hasta ahora).

Mi libro no será un texto sobre "cómo tratar con pandillas".

Prefacio

Tampoco se trata de un plan maestro para que una ciudad prevenga e intervenga en su creciente problema con las pandillas.

Es obvio que los temas que unen a estas historias son de mucha importancia para mí. Como jesuita desde hace treinta y siete años, y sacerdote desde hace veinte, no me sería posible presentar estas historias alejadas de Dios, de Jesús, de la compasión, de la hermandad, de la redención, de la misericordia y de nuestro llamado común para regocijarnos el uno con el otro. Si hay un desafío esencial en estas historias, es simplemente el de cambiar nuestra fuerte sospecha de que algunas vidas son menos importantes que otras. William Blake escribió, "Y somos puestos en la tierra por un breve espacio, hasta que podamos aprender a llevar los rayos del amor". Resulta que esto es lo que todos tenemos en común, ya se trate de quienes son miembros de pandillas y quienes no lo son: simplemente estamos tratando de aprender a llevar los rayos del amor.

Unas palabras para explicar cómo decidí proceder. En casi todas las instancias, he cambiado los nombres de los jóvenes y las jóvenes cuyas historias llenan estas páginas, con la excepción de anécdotas en las que el nombre es el tema de la historia. También he decidido no mencionar a ninguna pandilla por su verdadero nombre. Es demasiado el sufrimiento, el dolor y la muerte que ha sufrido nuestra comunidad para exponer a estas agrupaciones a cualquier posible fama que pudieran darles estas páginas. Todo lo que cuento en este libro sucedió tal como lo recuerdo. Me disculpo de antemano si he omitido algún detalle, individuo o particularidades sutiles que habrían incluido quienes están familiarizados con estas historias.

Nací y me crié en la "capital pandillera del mundo", Los Ángeles, California, al oeste de la zona donde he pasado más de un cuarto de siglo en el ministerio. Tuve dos padres maravillosos, cinco hermanas y dos hermanos, vivimos cómodamente, estudié en colegios católicos privados, y siempre he trabajado desde que estuve en edad de hacerlo. Disneylandia no era el "lugar más feliz de la tierra": lo era mi casa en Norton Avenue. Sin embargo, no habría reconocido a un pandillero si se me hubiera acercado y "dado en la cabeza", como dicen ellos. No habría sido capaz de encontrar una pandilla si me hubieran enviado a encontrar una. Puedo decir con certeza que cuando yo era un adolescente en Los Ángeles, me habría sido imposible entrar a una pandilla. Eso es un hecho. Sin embargo, ese hecho no me hace moralmente superior a los jóvenes y a las jóvenes que conocerán este libro; todo lo contrario. He comprendido con mayor claridad que no es cierto que yo sea más noble, tenga más valor, o esté más cerca de Dios que las personas cuyas vidas llenan estas páginas.

En África dicen que "nos hacemos personas gracias a los demás". No hay duda de que los cuates me han devuelto a mí mismo. Gracias a su orientación y paciencia, he aprendido a adorar a Cristo tal como Él vive en ellos. Es fácil reproducir aquí las palabras de Gerard Manley Hopkins, "Porque le doy la bienvenida cuando lo encuentro, y lo bendigo cuando entiendo".

Una vez, después de tratar con un cuate particularmente exasperante llamado Sharky, cambié mi estrategia y decidí sorprenderlo en el acto, cuando estuviera haciendo lo correcto. Pude ver que estaba siendo muy duro y exigente con él, y a fin de cuentas, él estaba tratando de dar lo mejor de sí. Le hablo de lo heroico que es y digo que el valor que tiene actualmente para transformar su vida es mucho más grande que la "valentía" vacía de su pasado en el barrio. Le digo que es un gigante entre los hombres, y realmente lo digo en serio. Sharky Paredes está abrumado con esto y me mira en silencio. Luego me dice: "Híjole, G… me voy a tatuar eso en el corazón".

Al encontrar un hogar para estas historias mediante este esfuerzo modesto, espero también que tatuemos en nuestro corazón colectivo a quienes menciono aquí. Aunque este libro no se preocupa por solucionar el problema de las pandillas, aspira a ampliar los parámetros de nuestra afinidad. No sólo espera darles un rostro humano a los miembros de pandillas, sino reconocer también nuestras propias heridas en las vidas fracasadas y en las luchas descomunales de los hombres y las mujeres que aparecen en estas parábolas.

Nuestra hospitalidad humana ansía encontrar un espacio para quienes han sido marginados. Se trata simplemente de permitirnos fomentar algo diferente, que se asemeje mucho más a lo que Dios tenía en mente. Tal vez juntos podamos enseñarnos unos a otros a llevar los rayos del amor y las personas se transformen en personas ante nuestros ojos; luego de regresar de nuevo a nosotros mismos.

Tatuajes en el corazón

Dolores Mission y Homeboy Industries

P asé los veranos de 1984 y 1985 como párroco asociado en la Iglesia Dolores Mission, la parroquia más pobre de la Arquidiócesis de Los Ángeles. En 1967 me convertí en párroco de esa iglesia. Originalmente, tenía planeado ir a la Universidad de Santa Clara para dirigir el programa de servicios estudiantiles, pero todo eso cambió con Bolivia. No puedo explicar la manera en que los pobres de Bolivia me evangelizaron durante ese año de 1984 a 1985, pero puedo decir que me sacudieron por completo, y desde ese momento en adelante, sólo quise caminar al lado de ellos. Esta fue una decisión netamente egoísta de mi parte. Yo sabía que los pobres tenían un sistema privilegiado para darme acceso al Evangelio y, naturalmente, quería estar cerca de esto. Cuando le planteé este deseo de trabajar con los pobres a mi superior, fui enviado a Dolores Mission, y no a Santa Clara, convirtiéndome en el párroco más joven en la historia de la diócesis. La iglesia llevaba unos cuarenta años en Boyle Heights, enclavada entre dos grandes proyectos de vivienda pública, Pico

1

Gardens y Aliso Village, que eran el mayor grupo de viviendas públicas al oeste del río Mississippi. Cuando llegué, teníamos ocho pandillas activas, siete latinas y una afroamericana (el 25 por ciento de los residentes de los proyectos eran afroamericanos en 1986, y ahora el 99,9 por ciento son latinos). En aquella época, la zona Pico Aliso era conocida por tener la mayor concentración de actividad pandillera en toda la ciudad. Si Los Ángeles era la capital pandillera del mundo, nuestra zona, que tenía el tamaño de una estampilla en el mapa, era la capital pandillera de Los Ángeles. Sepulté a la primera persona joven asesinada debido a la violencia de pandillas en 1988, y mientras escribo esto, he sido llamado para cumplir este triste deber otras 166 veces.

El primer joven al que sepulté tenía dieciocho años y un hermano gemelo. Incluso su familia tenía dificultades para diferenciarlos. Durante el funeral, Vicente miró el ataúd de su hermano Danny. Ambos estaban vestidos de manera idéntica. Era como si alguien hubiera instalado un espejo y Vicente estuviera contemplando su propio reflejo. Como este fue mi primer funeral de ese tipo, la escena de un joven observando su propia imagen reflejada ha permanecido conmigo durante todos estos años, como una metáfora de la violencia de las pandillas en toda su autodestrucción.

En aquella época, había muchos jóvenes en edad escolar involucrados con pandillas, expulsados de sus escuelas, y su presencia en los proyectos durante las horas escolares trajeron consigo violencia y venta de drogas a gran escala. Así que lo primero que hicimos como comunidad parroquial para responder a esta realidad de las pandillas, fue abrir nuestra escuela alternativa, Dolores Mission Alternative (DMA), en 1988. Los miembros de varias pandillas se reunían en el tercer piso de la escuela primaria de Dolores Mission, en lo que anteriormente había sido el convento. Las peleas eran asunto de todos los días y mantener al personal era todo un desafío. Tuvimos un director que duró dos días y varios profesores que sólo resistieron uno.

Con la escuela se presentó una nueva actitud parroquial. Pusimos el tapete de bienvenida a la entrada. Había surgido un nuevo sentido de la "iglesia", abierto e incluyente, que reemplazaba al modelo hermético y sellado que había mantenido a los "chicos buenos" adentro, y a los "chicos malos" afuera. Las Comunidades Eclesiales de Base (CEB) eran sectores donde la gente participaba en la parroquia, especialmente las mujeres, quienes reflexionaban sobre la forma en que el Evangelio había tenido un impacto real en sus vidas. Esta reflexión las motivaba a transmitir esta experiencia a las pandillas que había en sus proyectos de vivienda. Organizaban asados y otros encuentros para dejar en claro que los miembros de las pandillas no eran nuestros enemigos. Un miembro de la CEB organizó incluso una cena de Acción de Gracias para los cuates que no tenían adónde ir. Querían enviarles una señal a los miembros de las pandillas: "Ustedes son nuestros hijos e hijas, así los hayamos traído a este mundo o no".

Recuerdo una ocasión en que estaba a un lado de la cinta policial un domingo temprano por la mañana, a la vuelta de la esquina de la iglesia. El cadáver de un pandillero yacía en el suelo, parcialmente oculto bajo una sábana. Su cabeza y tronco superior estaban cubiertos por la sábana, dejando ver sus shorts marca Dickies de talla gigante y cortados a mano, medias blancas hasta la rodilla y un par de Nike Cortez azules, la típica ropa de pandilla en aquella época. Él no era del barrio, y quién sabe por qué había venido a ese territorio extraño. Pam McDuffy, una madre activista de la comunidad, se acercó y me pasó el brazo por la cintura; estaba llorando. "No sé quién es ese chico, pero era el hijo de una madre", dijo.

Algunos miembros de la pandilla comenzaron a pasar el tiempo en la iglesia. El garaje se convirtió en una especie de gimnasio, y en el campanario siempre había unos diez miembros fumando cigarrillos y pasando el tiempo. Yo pensé que si estaban en la iglesia, no causarían estragos en la comunidad. Esto no emocionó mucho a los parroquianos, y las quejas subieron a tal nivel que me obligaron a organizar una reunión parroquial. El salón estaba lleno; esto era, o bien un voto de confianza en mi liderazgo, o una oportunidad para que los parroquianos me dijeran: "Aquí está tu sombrero, ¿por qué tanta prisa?".

Yo no hablé. Pero Teresa Navarro y Paula Hernández, las "E. F. Huttons" de la comunidad (todos tendían a escucharlas), sólo tuvieron que ponerse en pie e invocar a Jesús.

"En esta parroquia ayudamos a los miembros de pandillas porque eso es lo que habría hecho Jesús", dijeron.

Las personas presentes aplaudieron y la parroquia nunca volvió a mirar atrás.

Pronto, las mujeres organizaron grandes marchas o caminatas, pasando por los proyectos, a menudo en el fragor de la tensión y luego de tiroteos interminables. El Comité Pro Paz, como se denominaban las mujeres, iba a los lugares más peligrosos, y con sus oraciones amables y sus cantos aplacaban a los miembros de las pandillas que se disponían combatir.

Fue una de esas marchas la que dio origen a Homeboy Industries en 1988. Armadas con volantes que decían "Empleos para un Futuro", cientos de mujeres caminaron por las fábricas que rodeaban los proyectos de vivienda, y con esta demostración de fortaleza, le entregaron un volante al capataz de cada fábrica. Se

4

había hecho claro que lo que más necesitaban los miembros de las pandillas eran empleos. Sólo hablaban de tener un *jale* (un empleo). Esperamos que las fábricas anunciaran ofertas de trabajo, pero esto nunca sucedió. Sin embargo, nació una organización, Empleos para un Futuro, que inicialmente les ayudaba a conseguir empleos a los miembros de las pandillas de Pico Aliso.

Ese programa liderado por la parroquia no tardó en desarrollar proyectos que emplearon a enormes cantidades de miembros de pandillas: la construcción de un centro para el cuidado de los niños, equipos de limpieza del vecindario y remoción de graffitis, jardinería y cuadrillas de mantenimiento. Los miembros de las pandillas recibieron trabajo en diversos negocios y organizaciones sin fines de lucro, y Empleos para un Futuro pagaba el salario. Yo hacía más cheques sin fondos que un congresista. Vivíamos constantemente en la paradoja de la precariedad. El dinero nunca estaba cuando lo necesitábamos, pero siempre llegaba a tiempo.

Durante este periodo, logré un gran número de treguas, ceses al fuego y tratados de paz. Dediqué mucho tiempo a una especie de diplomacia de enlace, yendo en bicicleta de un barrio a otro (así como lo hacen los miembros de las pandillas, yo utilizo alternativamente las palabras "pandilla", "barrio" y "vecindario"; todas se refieren a la "pandilla"), para lograr la firma de acuerdos entre las facciones en guerra. Algunas eran victorias pírricas, como por ejemplo, el compromiso de no dispararles a las casas.

Desde muy temprano supe que todas las partes hablaron positivamente sobre el proceso de paz cuando lo iniciaron.

"Sí, G (así me llaman la mayoría de los cuates; en abreviación de Greg), empecemos un tratado de paz".

Pero cuando los reunía, no podían dejar de adoptar una posición agresiva entre sí. Finalmente dejé de organizar estos encuentros, y al igual que la Unión Soviética y los Estados Unidos, trabajé todos los detalles de la paz por anticipado, y simplemente hice que los líderes firmaran los acuerdos.

Eso era antes; esto es ahora. Aunque no me arrepiento de haber orquestado estas treguas y tratados, nunca lo haría de nuevo. La consecuencia involuntaria que tuvo todo aquel esfuerzo fue el de legitimar a las pandillas y darles oxígeno. Finalmente entendí que este tipo de labor mantiene vivas a las pandillas.

Los disturbios de 1992 fueron diferentes a todo lo que yo había visto en Los Ángeles. Mientras trabajaba en mi rincón cuando estaba en sexto grado durante los motines de Watts en 1965, tuve la sensación de que todos esos disturbios estaban sucediendo "allá".

Pero no en 1992. El cielo, negro de humo, se cernía sobre cada esquina de la ciudad. Me senté a la entrada de un apartamento en Pico Gardens con un miembro muy importante de una pandilla. Cuando todos sus compañeros estuvieron lejos, me miró fijamente.

—Este es el fin del mundo, ¿verdad, G? —dijo con voz temblorosa e insegura.

—No, por supuesto que no —le dije para tranquilizarlo.

Pero yo no estaba completamente seguro de que él estuviera equivocado. La Guardia Nacional llegó a nuestros proyectos varios días después de estallar los disturbios, pero no la necesitamos. Las cosas no estallaron en ésta, la más pobre de las comunidades de Los Ángeles, donde todos esperaban que se desatara el caos total. Sospecho que la razón por la que esto no sucedió fue porque teníamos muchos miembros de pandillas estratégicamente empleados, quiénes finalmente cumplieron una labor en evitar que los proyectos estallaran en guerra, y en mantener la paz.

Luego de decir esto en una entrevista que me hizo el *Los Angeles Times* sobre los disturbios, recibí una llamada de Ray Stark, un agente de Hollywood sumamente exitoso (de actores como Humphrey Bogart y Kirk Douglas) y productor de películas muy exitosas (*Funny Girl*). Fran, su querida esposa, había muerto poco antes de nuestra reunión, y Ray quería tener un impacto en esta problemática creciente y descomunal de las pandillas. Durante nuestro encuentro, Ray sugirió algunas ideas que yo descarté de manera respetuosa. Finalmente, y después de desechar varias de sus sugerencias (por ejemplo, darles cámaras de video a los miembros de las pandillas para hacer un documental), Ray se molestó un poco.

—Me rindo. ¿Qué crees que debería hacer con mi dinero?

Le dije que estaban vendiendo una vieja panadería frente a la iglesia. Él podía comprarla, y nosotros podíamos reunir a miembros de pandillas rivales. La llamaríamos Homeboy Bakery.

Ray se entusiasmó mucho, y creamos la división de desarrollo económico de Empleos para un Futuro. Algunos meses después, adquirimos una máquina de tortillas en el Grand Central Market, y, como ya teníamos varios negocios, en el verano de 1992 nos convertimos en Homeboy Industries (y dejamos de ser Empleos para un Futuro).

Nuestra primera oficina estaba dentro de los terrenos de la iglesia, pero la segunda estuvo situada en un local en la dirección 1848 East First St., desde 1994 a 2000. El White Memorial Hospital, que durante mucho tiempo apoyó mi trabajo con los miembros de las pandillas, pagaba la renta. Fue allí donde los miembros de las más de cuarenta pandillas que hay en la División Policial de Hollenbeck (y que cuenta con unos diez mil miembros), comenzaron a llegar buscando una vida fuera de ellas. Tal vez los miembros de las pandillas siempre habían anhelado esto, pero su deseo se había esfumado en vista de la ausencia de otro lugar adónde ir. Pronto contratamos personal y agentes laborales para ayudarlos a encontrar empleos en el sector privado. También comenzamos a quitar tatuajes debido a un chico llamado Ramiro. Él era miembro de una pandilla, acababa de salir de la cárcel, tenía un largo historial y un enorme tatuaje en la frente que decía FUCK THE WORLD (CHINGUE EL MUNDO). Me dijo que no le estaba yendo muy bien tratando de conseguir empleo. Me lo imagino diciendo en McDonald's: "¿quiere papas fritas con eso?", y veo a las mamás agarrar a sus hijos y salir corriendo.

Lo contraté para la panadería, y poco a poco le borramos el tatuaje de la frente. Desde entonces, hemos utilizado muchas máquinas con rayos láser y médicos que realizan más de cuatro mil tratamientos al año.

Todo eso se lo debemos a Ramiro (quien consiguió un trabajo como guardia de seguridad en un estudio cinematográfico, sin el menor rastro de la rabia que había antes en su vida).

Los negocios han ido y venido en Homeboy Industries. Hemos tenido altibajos, pero en cualquier cosa que valga la pena hacer, también vale la pena fracasar. Comenzamos la empresa Plomería Homeboy, pero no nos fue muy bien. La gente no quería miembros de pandillas en sus casas. Simplemente nunca me lo hubiera imaginado.

A finales del siglo pasado necesitábamos más espacio, de

modo que nuestra tercera sede se mudó a la dirección 1916 East First St., en una imprenta reacondicionada. Poco después, comenzamos a trabajar con miembros de pandillas por fuera de Boyle Heights, y actualmente tenemos a mil personas al mes, pertenecientes a cuarenta y cinco zonas postales. Miembros de más de ochocientas pandillas de todo el país han venido en busca de empleo, para borrar sus tatuajes, recibir consejería de salud mental, manejo de casos y servicios legales.

En 2007 estábamos tan abarrotados que construimos nuestra sede actual, Homeboy Bakery y Homegirl Café, cerca del barrio chino en el centro de Los Ángeles. Nuestro negocio más exitoso es Homeboy Silkscreen, acertadamente dirigido durante todos estos años por Rubén y Cristina Rodríguez, y también tenemos otros cuatro: Homeboy Bakery, Homeboy/Homegirl Merchandise, Homeboy Maintenance y Homegirl Café, donde las mujeres con historial delictivo, jovencitas de pandillas diferentes, recibirán gustosas su pedido como meseras con "actitud".

El condado de Los Ángeles tiene 1.100 pandillas con casi 86.000 miembros en total. Un gran número de estos jóvenes vienen a Homeboy cuando están listos para "colgar los guantes".

Homeboy Industries no es para quienes necesitan ayuda, sino sólo para quienes la desean. En este sentido, somos un centro de rehabilitación para miembros de pandillas. Con frecuencia, los cuates que llegan a nosotros aún no están preparados para adaptarse al mundo exterior. Acaban de salir de prisión y les ofrecemos lo que muchas veces es su primer empleo, donde aprenden los primeros rudimentos en Homeboy Industries, como por ejemplo, llegar puntualmente todos los días y recibir órdenes de supervisores desagradables.

Todo esto lo ofrecemos sin costo alguno. Somos un lugar de

trabajo y una comunidad terapéutica. Somos un programa de entrenamiento y un negocio. Somos todo lo anterior al mismo tiempo. Cuando los cuates se sienten seguros en el lugar de trabajo, pueden irse a otros que pagan mejor. También les damos la oportunidad de trabajar con sus enemigos. El sitio se ha convertido en las "Naciones Unidas" de las pandillas. Cuando los enemigos trabajan lado a lado, se crea una valiosa "desconexión" en las calles. Obliga a un miembro activo de una pandilla a preguntarle a su compañero que está trabajando, "¿cómo puedes trabajar con ese tipo?". Responder esa pregunta puede ser incómodo, difícil y siempre requerirá de valor, pero la pregunta en sí cuestiona al status quo.

Finalmente, Homeboy Industries sólo puede contratar y ayudar a un número limitado de miembros de pandillas. Aunque miles de ellos han recibido ayuda, sigue siendo una pequeña gota en un balde muy profundo. En la ciudad de Los Ángeles, Homeboy Industries ha operado como un símbolo y un lugar de ayuda concreta. Durante veinte años, le ha preguntado a esta ciudad, "¿qué tal si invirtiéramos en los miembros de las pandillas en vez de simplemente encarcelarlos?".

Después de dos décadas, la ciudad de Los Ángeles ha acogido a Homeboy Industries como propia y nos ha permitido moldear la forma en que vemos esta "condición" y cómo podemos responder parcialmente a ella.

Un cuate llamado David, que había caído en la adicción a la heroína y vivía en las calles, un día se estaba recriminando a sí mismo.

—Mira, David —le dije en tono explicativo—. Tienes que gatear antes de poder caminar, y luego tienes que caminar antes de poder correr.

Sus ojos se humedecieron con lágrimas.

—Sí, pero sé que puedo volar. Sólo necesito una ráfaga de viento.

Homeboy Industries quiere ser esa ráfaga.

Y cuando enfrentamos por un momento lo peor de lo que es capaz nuestra especie, y nos asombramos al ver la mancha en nuestro propio ser, ese asombro rompe el escudo de nuestra mente y penetra en nuestro corazón.

—Denise Levertov

* * *

Homeboy Bakery abrió sus puertas en 1992, pero siete años después, en octubre de 1999, se incendió por completo. Recibí la llamada a las tres de la mañana con la fatídica noticia. Llegué y encontré la panadería rodeada de camiones de bomberos, con las mangueras lanzando agua en todas las direcciones y las llamas elevándose en lo alto. Las mujeres del barrio me reconfortaban y envolvían en sus brazos, y me prometían que organizarían una venta de comida para recaudar fondos tan pronto saliera el sol.

Una joven me abrazó llorando: "No te preocupes, G, organizaremos una sesión de lavado de coches".

Debo reconocer que inicialmente creí que se trataba de un incendio intencional. Cuando digo esto, la gente suele suponer que me refiero a que fue ocasionado por miembros de pandillas.

11

Pero yo nunca pensé esto. Homeboy Bakery fue un símbolo de esperanza para todos los miembros de pandillas del país, y no tenía sentido que destruyeran este lugar que les ofrecía una segunda oportunidad.

Sin embargo, en aquella época teníamos muchos enemigos, personas que creían que ayudar a miembros de pandillas era aprobar de algún modo su mal comportamiento. Las cartas con insultos, las amenazas de muerte y de bombas eran algo común, especialmente cuando comencé a escribir columnas de opinión en el *Los Angeles Times* (lo cual comencé a hacer justo antes del incendio).

Durante este periodo de hostilidad perpetrada por aquellos que se oponían a nosotros y al proyecto de Homeboy con tanta virulencia, solíamos bromear que debíamos cambiar el mensaje del contestador telefónico: "Gracias por llamar a Homeboy Industries. Su amenaza de bomba es importante para nosotros".

Una vez estaba en mi oficina y escuché a una cuata responder el teléfono y decirle a quien estaba llamando:

—Anda y trae esa bomba, cabrón. Estamos preparados.

Le pregunté con quién estaba hablando. Ella tapó el auricular, desconcertada:

—Ah, un tonto que quiere bombardear el lugar.

—Ah, mija, mmm —le dije—. Tal vez deberíamos decir simplemente 'Que tengas un feliz día y que Dios te bendiga'.

El día del incendio, y menos de una hora después de mi llegada, los inspectores del departamento de bomberos pudieron establecer con certeza la causa del incendio como "natural". La edificación tenía ocho años de antigüedad y toda la electricidad databa de aquella época. Un cortocircuito pasó por las paredes, cogió fuerza en la oficina y muy pronto todo el lugar ardió en llamas.

Pero obviamente, no supimos esto en la primera media hora, momento en el cual, y sin saberlo, me abordó un inspector arrugado que parecía irlandés.

—¿Es usted el dueño? —me preguntó, mientras las llamas se elevaban por detrás de él.

—Sí.

—Mmm —exclamó—. ¿Tiene alguna razón para creer que alguien haya podido causar este incendio?

—No.

—Mmm, ¿no ha tenido... mmm... ex empleados descontentos?

—No —le respondí—. Todos los descontentos todavía trabajan conmigo.

Yo necesitaba relajar el ambiente, aunque él no pensara lo mismo. El hombre no sonreía.

—¿Conoce esta zona donde está la panadería? —me preguntó con un susurro, moviendo la cabeza de un lado al otro—. Pues bien... es conocida por los matones.

Como si yo no lo supiera.

—Bueno —le dije—, yo creo que aquí estamos bien pues en Homeboy Industries —ahora era yo quien susurraba—, sólo contratamos matones.

Una vez más, cero sonrisas.

Al día siguiente pudimos informarles a todos los panaderos lo que había sucedido, pero no pudimos localizar a uno de ellos, un joven llamado Lencho. Y cuando llegó la hora de su turno, Lencho bajó del autobús, con su uniforme blanco perfectamente planchado, con las palabras HOMEBOY BAKERY bordadas a un lado, y su nombre LENCHO al otro. Venía caminando tranquilo por el estacionamiento.

Pero una vez entró a la panadería, vio todos los escombros húmedos sacados por los bomberos, el humo todavía colándose por los huecos del techo. Vio a sus compañeros de trabajo, todos ellos rivales de pandillas enemigas, recogiendo los escombros. Nadie tuvo que explicarle nada. Se detuvo petrificado, se llevó la cabeza a las manos y comenzó a llorar.

La panadería era su razón para levantarse en la mañana. E igualmente importante, también fue su razón para no cometer una violación la noche anterior. El vínculo que compartía con sus compañeros de trabajo, antiguos enemigos, era más profundo que el que había conocido en su familia, y ciertamente más fuerte que el vínculo que había tenido con su pandilla. Lo único que podíamos hacer era rodearlo con amor y con la promesa de reconstrucción.

Diez años después, está de vuelta, y trabaja en la panadería recién construida.

* * *

La panadería original se hizo muy famosa desde la primera semana. Y casi diariamente nos visitaban reporteros de los noticieros. Se publicaban artículos con fotos de enemigos trabajando lado a lado. Llegaban tours con grupos de todo el mundo, autobuses enteros llenos de turistas japoneses. Incluso nos visitaron los asesores de negocios del príncipe Carlos de Inglaterra.

Nuestro capataz en aquella época era un hombre llamado Luis, que tenía alrededor de veinticinco años, y que probablemente ha sido uno de los vendedores de drogas más grandes y curtidos que haya conocido nuestra comunidad. Nos conocíamos desde hacía más de una década, y siempre rechazó todas las ofertas de empleo que le hice con amabilidad, pero con firmeza. Luis era muy inteligente y sagaz.

Solía decir, "cuando éramos niños, jugábamos *Kick the Can*,* pero los policías también hacían lo mismo. Es decir, ellos juegan a patear al *Mexi-Can* o al *PuertoRi-Can*.

Nunca fue arrestado; era demasiado listo. Si estaba conmigo y la policía pasaba por allí, él me decía, "escóndeme". Pero todo cambió al nacer su hija Tiffany. Quiso trabajar en la panadería, y sus habilidades naturales de líder lo llevaron a ser el supervisor. No sólo trabajó con antiguos rivales, sino que también los supervisó, algo mucho más difícil de hacer.

Un día recibimos una extraña petición por parte de unos granjeros del valle central de California que querían visitarnos. Querían conocer la panadería. Una parte del trabajo de Luis consistía en recibir a los autobuses con visitantes y los técnicos de filmación. Detestaba este aspecto de su trabajo, y sus gruñidos podían hacerte doler los dientes.

—¿Me toca? —solía decir.

El día que vinieron los granjeros, él y yo estábamos esperando a que se detuviera el autobús, y yo espantaba sus quejas como si fueran mosquitos fastidiosos.

Finalmente, el conductor del autobús avanzó por el estacionamiento y yo le señalé su lugar reservado. Era uno de esos autobuses ultramodernos, resplandeciente y elegante, equipado con un micrófono para el guía del tour.

Luis fingió ser el guía:

---

*Patear la lata.

—Bienvenidos a Homeboy Bakery —denotando el desinterés propio de un guía con el típico tono nasal—. Observen a miembros de pandillas en su hábitat natural.

Luis se llevó las manos a la boca, para una mayor amplificación.

—Por favor, mantengan siempre sus manos en el autobús. No intenten alimentar a los cuates. Todavía no están domesticados.

—Cállate, cabrón —le dije con la parte de mi cara que no estaba sonriendo, mientras les daba la bienvenida a los visitantes a medida que bajaban del autobús.

Un rato después, regresé a la panadería, que estaba a varias cuadras de mi oficina. Pensé en el tour al ver a Luis.

—Oye —le dije—, ¿cómo te fue con el tour?

—Híjole, G —dijo negando con la cabeza—, ¿qué le pasa a la gente blanca?

Sentí curiosidad de saber qué nos pasaba.

—No sé, ¿qué nos pasa?

—Es decir, estos gauchos —continuó—, siempre usan la palabra "FANTÁSTICO".

—¿De veras?

—Sí, mira. Ésos gabachos llegan, ven el lugar, todo firme, limpio, con todas las máquinas funcionando, y dicen "este lugar es FANTÁSTICO". Y luego ven a los cuates, tú sabes, todos enemigos, trabajando juntos y firmes, y dicen "Ustedes son FANTÁSTICOS". Luego prueban el pan y exclaman, "Este pan... es FANTÁSTICO". Híjole, G, ¿por qué los blancos siempre utilizan la palabra "FANTÁSTICO"?

Le respondí que no lo sabía. Pero créanme, siempre que podía, le decía lo "FANTÁSTICO" que es él, simplemente para tomarle el pelo.

Unos cuatro meses después, voy a la panadería poco antes de cerrar. Luis me ve en el estacionamiento desde el interior del establecimiento y se apresura a salir. Está emocionado, y sin embargo, su "entusiasmo" nunca lo delata. Es demasiado calmado para eso. Pero escasamente me deja bajarme del auto.

—Oye, G —me dice, emocionado de verme—. No vas a CREER lo que me pasó ayer después del turno.

Y comienza a contarme que, después del trabajo, va a recoger a su hija Tiffany, que tiene cuatro años y está con la niñera. La sube al auto y llegan a su pequeño apartamento, en el que, por primera vez, Luis está pagando alquiler con dinero limpio y honestamente ganado. Abre la puerta, y Tiffany entra por el corredor y llega a la modesta sala. Pone los pies en el piso, extiende los brazos y abarca toda la sala con sus ojos. Y luego exclama con una sonrisa radiante, "Esto... es FANTÁSTICO".

Luis se da vuelta y me dice: —Creí que se me estaba volviendo blanca.

Me dice que se agachó para estar a su altura, arrodillándose y poniendo las manos en el piso.

—¿Qué es fantástico, mija?

Tifanny se lleva la mano al corazón y exclama: —¡MI CA-SAAA!

Luis parece incapaz de hablar en ese instante. Nuestras miradas se encuentran, y nuestros ojos se congestionan, al igual que nuestras almas. No podemos dejar de mirarnos, y las lágrimas resbalan por nuestras mejillas. Después de lo que me pareció un tiempo más largo de lo que seguramente fue, rompí el silencio. Lo señalé.

—Tú... hiciste... esto. Nunca habías tenido un hogar en tu vida, y ahora tienes uno. Tú lo hiciste. Eras el mayor vendedor Tatuajes en el corazón

de drogas de la ciudad, abandonaste eso y te pusiste a amasar pan. Tú lo hiciste. Nunca habías tenido un padre en tu vida, y ahora eres uno... y odio tener que decírtelo... pero... eres fantástico.

Y odio tener que decirles algo a *ustedes,* pero la primera vez que saqué esta historia del "banco" de mi memoria fue para contarla en el funeral de Luis. No estaba haciendo nada malo cuando fue asesinado un miércoles por la tarde. Estaba en los proyectos, metiendo cosas en el baúl de su auto, preparándose para ir a acampar con sus amigos. Dos pandilleros con las caras cubiertas entraron a "territorio enemigo", buscando "presas fáciles". Vieron a Luis y debieron pensar, *Con éste nos basta.* Se acercaron a él y lo ejecutaron.

Conté la historia "fantástica" en el funeral de Luis, especialmente debido a las preguntas que me habían hecho varias veces sus amigos y compañeros de pandilla durante la semana que siguió a su muerte y funeral.

—¿Qué sentido tiene? —me preguntaron—. ¿De qué sirve comportarse bien... si nos puede pasar esto?

Era una buena pregunta que merecía una respuesta. Le dije a la multitud reunida en la iglesia, que Luis era un ser humano que llegó a conocer la verdad sobre sí mismo y le gustó lo que descubrió.

Juliana de Norwich, una mística inglesa que vivió en el siglo XIV, consideró que las luchas de la vida consistían en descubrir que estamos "vestidos con la bondad de Dios".

Esto se convirtió en la labor de toda una vida para Luis. Aceptó esta bondad —su grandeza— y nada volvió a ser lo mismo. Y realmente, ¿qué es la muerte comparada con este conocimiento? No hay bala que pueda atravesarla.

18

Dolores Mission y Homeboy Industries

Con ese lenguaje lunar

Admite algo:
A todos los que veas, diles,
"Ámame".
Pero no lo digas en voz alta;
Pues alguien podría llamar a la policía.
Sin embargo, piensa en esto,
En esta gran atracción que nos conecta.
¿Por qué no ser alguien
Que vive con una luna llena en cada ojo
Que siempre está diciendo,
Con ese dulce lenguaje de
La luna,
Lo que cada otro ojo en este mundo
Se muere por
Oír?

—Hafez

1

Dios, supongo

Dios puede hacerse pequeño si no tenemos cuidado. Estoy seguro de que todos tenemos una imagen de Dios que es nuestra piedra angular y principio de control al cual acudimos cuando nos desviamos.

Esa imagen que tengo de Dios proviene de la forma en que mi amigo y director espiritual Bill Cain, sacerdote jesuita, interrumpió temporalmente su ministerio para cuidar a su padre, quien tenía un cáncer terminal. Se había transformado en un hombre frágil y Bill tenía que hacerle todo. Aunque su físico se había deteriorado considerablemente, conservó la lucidez y la agilidad mental. Cumpliendo un papel inverso común a los hijos adultos que cuidan a sus padres moribundos, Bill acostaba a su padre y le leía hasta que éste se quedaba dormido, exactamente como su padre lo hacía con él durante su infancia. Bill le leía fragmentos de alguna novela, y su padre permanecía allí, mirando a su hijo y sonriendo. Bill se sentía extenuado luego de cuidarlo durante todo el día y le decía a su padre: "Hagamos un trato: yo te leo, y tú te quedas dormido". Su padre le pedía sus más sentidas disculpas y cerraba sus ojos con obediencia, pero esto no duraba mucho. Muy pronto, abría un ojo y le sonreía a su hijo. Bill se quejaba. Su padre le obedecía de nuevo, pero era incapaz de seguir resistiendo y abría el otro ojo para observar a su hijo. Esto se repetía una y otra vez, y después de la muerte de su padre, Bill supo que este ritual nocturno realmente era la historia de un padre que no quería dejar de mirar a su hijo. Dios tampoco quiere hacerlo. Anthony De Mello dice, "Contempla a Aquel que te observa, y sonríe".

Dios pareciera estar demasiado ocupado intentando no apartar su mirada de nosotros como para poder levantar una ceja en señal de desaprobación. Lo que es cierto sobre Jesús es cierto para nosotros, y esta voz penetra en las nubes y llega hasta nosotros. "Tú eres mi hijo amado, a quien he elegido", y no hay nada de "pequeño" en eso.

* * *

En 1990, el programa televisivo *60 Minutes* visitó la Iglesia Dolores Mission. Uno de sus productores había leído un artículo publicado por el *Los Angeles Times Magazine* sobre mi trabajo con los miembros de pandillas en los proyectos de vivienda. Mike Wallace, que también había leído el artículo, quería hacer un reportaje y me aseguró que mostraría su faceta "bondadosa". Eran los días en que solía decirse en broma que "sabes que tendrás un mal día cuando Mike Wallace y su equipo de filmación de *60 Minutos* entre a tu oficina".

Wallace llegó a la parroquia más pobre de Los Ángeles en la

Dios, supongo

más larga de las limusinas blancas, y bajó de ella con una chaqueta gruesa y llena de bolsillos, supongo que en preparación para una misión periodística a la jungla.

A pesar de su total insensibilidad inicial, hacia el final de la visita, y en un momento que no fue grabado, Wallace me dijo: "¿Puedo confesarte algo? Vine esperando encontrar unos monstruos, pero no fue eso lo que encontré".

Posteriormente, en un momento grabado, estamos sentados en un salón de clases lleno de miembros de pandillas, todos ellos estudiantes en la escuela Dolores Mission Alternative. Wallace señala y me dice: "No entregarás estos tipos a la policía, ¿verdad?", lo cual me pareció un comentario muy tonto. Yo respondí algo así como, "No le di mis votos al Departamento de Policía de Los Ángeles". Pero cuando Wallace se acerca a uno de los muchachos y le dice una y otra vez, "Él no te entregará, ¿verdad?", y le pregunta "¿Por qué no? ¿Por qué crees que él no te entregará a la policía?" El chico lo mira, se encoge de hombros desconcertado, y dice: "Dios... supongo".

Este es un capítulo sobre Dios, supongo. La verdad es que todo el libro lo es. Hay pocas cosas en mi vida que tengan sentido por fuera de Dios. Ciertamente, un lugar como Homeboy Industries es una locura y un mal negocio a menos que la misión de la empresa busque imitar al tipo de Dios en el que deberíamos creer. Al final, no me siento capaz de explicar por qué alguien acompañaría a las personas marginales si no fuera por alguna creencia arraigada en que la Razón de todos los Seres creyó que esta era una buena idea.

*   *   *

"Pillo" no es alguien que reciba consejos. Puede ser recalcitrante, estar a la defensiva y listo para pelear. Tiene poco menos de cuarenta años y es un sobreviviente. Conduce un camión lleno de chatarra, con lo cual logra alimentar a sus hijos y evitar el desalojo. Para su crédito, hace tiempo que dijo adiós para siempre a sus días de prisión y abuso. A veces me pide dinero, yo se lo doy si tengo y si ese día su actitud no me molesta demasiado. Pero no se le puede decir nada, salvo un día, en que me escuchó. Estaba hablando de algo, no puedo recordar qué, pero él estaba escuchando. Y cuando terminé de hablar, me dijo simplemente, "¿Sabes algo? Voy a seguir ese consejo y lo voy a dejar marinando aquí", y señaló su corazón.

Tal vez todos deberíamos "marinarnos" en la intimidad de Dios. Creo que el Génesis lo dijo con acierto: "En el comienzo fue Dios". Ignacio de Loyola, el fundador de los jesuitas, también habló sobre la labor de marinarnos en "Dios, que siempre es más grande".

Loyola escribe, "Ten cuidado de siempre mantener primero a Dios ante tus ojos". El secreto, por supuesto, del ministerio de Jesús, era que Dios estaba en el centro de él. Jesús decidió marinarse en el Dios que siempre es más grande que nuestra pequeña concepción, el Dios que "ama sin medida y sin queja". Afirmarnos en esto, y mantener siempre a Dios frente a nuestros ojos es decidir estar intoxicados y marinados en la totalidad de Dios. Un monje trapista de Algeria, antes de ser martirizado, se refirió a esta plenitud: "Cuando llenas mi corazón, mis ojos se inundan".

* * *

Dios, supongo

Willy se me acercó sigilosamente cuando yo estaba en el auto. Yo acababa de cerrar la oficina y me disponía a irme a casa a las ocho de la noche.

—¡No hagas eso, Willy! —le dije.

—*Spensa;* G —respondió—. Es mi culpa. Sólo que…, bueno, tengo que echarle algo a mi estómago. ¿Por qué no me regalas veinte dólares?

—*Dog,* hay que echarle algo a mi billetera —le digo. Un *dog* es alguien a quien puedes acudir, el *dog*-actor, la persona que te cubre la espalda—. De todos modos sube. Veamos si puedo sacar fondos del cajero automático.

Willy sube a bordo. Es todo un derroche de jactancia y de pose —un alma completamente buena— pero su presunción es inmensa, del tamaño de un león que quiere que sepas que acaba de tragarse a un hombre sin masticarlo. Es miembro de una pandilla, pero en el mejor de los casos es un miembro periférico, y prefiere contarte sus proezas que realmente estar en medio de alguna. Tiene alrededor de veinticinco años, y es encantador; el típico pandillero y ex convicto que puede sonsacarte dinero del cajero automático si se lo permites. Esa noche yo estaba cansado y quería irme a casa.

Es más fácil no resistirse. El cajero más cercano está en la Calle Cuarta con Soto. Le digo a Willy que permanezca en el auto, en caso de que tropecemos con alguno de sus rivales.

—Quédate aquí —le digo—. Ahora vengo.

No he recorrido diez pies cuando escucho un "Oye" sofocado.

Es Willy, y está queriendo decir "las llaves". Está haciendo señas para que le de las llaves del motor.

—La radio —dice, llevándose la mano al oído.

—No, *chale* —Es mi turno de hacer mímica. Me llevo las manos a la boca y le digo con una vocalización exagerada—: *Reza.*

Willy suspira y pone los ojos en blanco. Pero es sumiso. Hace un gesto de orar con las manos y mira al cielo, con cara santucha. Sigo caminando, pero siento la necesidad de mirar a Willy tan sólo diez yardas después.

Me doy vuelta y lo veo en señal de oración, pareciendo ser medianamente consciente de que lo estoy mirando.

Regreso al auto con los veinte dólares en la mano. Algo ha pasado. Willy está calmado y reflexivo, y en el auto hay una atmósfera palpable de paz. Lo miro y le pregunto: —Rezaste, ¿verdad?

No me mira. Está inmóvil y calmado.

—Sí, lo hice.

Enciendo el auto.

—¿Y qué te dijo Dios? —le pregunto.

—Bueno, primero me dijo: "Cállate y escucha".

—¿Y qué hiciste?

—Vamos, G —me dijo—. ¿Qué se supone que debía hacer? Me callé y escuché.

Me dirijo a casa de Willy. Nunca lo había visto así; está callado y con una actitud humilde, y no necesita convencerme de nada.

—Bueno, hijo, dime algo —le digo—, ¿cómo ves a Dios?

—¿A Dios? —dice—. Ese es mi *dog*, que está allá.

—¿Y cómo te ve Dios?

Willy tarda en responder. Me doy vuelta y lo veo apoyar su cabeza contra el espaldar del asiento, y mirar el techo del auto.

Dios, supongo

Una lágrima resbala por su mejilla. Su corazón está lleno, y sus ojos inundados.

—Dios... cree que yo... estoy... firme.

Para los cuates, *firme* significa que "no se puede ser mejor".

No sólo Dios cree que somos firmes, sino que se regocija en que nos marinemos en eso.

*   *   *

El poeta Kabir dice, "¿Qué es Dios?" Y luego responde a su propia pregunta, "Dios es el aliento dentro del aliento".

Willy encontró su camino dentro del aliento y era *firme*.

Comprendí esto sobre mi vida un poco tarde, con la ayuda de la pedagogía llena de gracia que tienen las personas de Dolores Mission. Fui criado y educado para dar mi aprobación a ciertas proposiciones, como por ejemplo, que Dios es amor. Aceptas que "Dios nos ama", y sin embargo, hay un sentido latente de que tal vez no eres completamente parte de ese "nosotros". Los brazos de Dios se estiran para abrazarnos, y de algún modo tú sientes que estás más allá de sus dedos.

No tienes otra opción que pensar "Dios me ama", y sin embargo, pasas gran parte de tu vida sin poder abandonar la sensación de que Dios te está abrazando con reticencia y a regañadientes. Supongo, si insistes, que Dios también tiene que amarte. ¿Quién puede entonces explicar este próximo instante, cuando la plenitud total se apodera de ti, y cuando conoces plenamente a Aquel en quien "te mueves, vives y tienes tu ser", como dice San Pablo? Entonces ves que Dios se ha alegrado en amarte plenamente desde el principio. Y esto es completamente nuevo.

Cada vez que uno de los jesuitas en Dolores Mission celebra un cumpleaños, se repite el mismo ritual.

—Ya sabes —me dice uno de ellos—, tu cumpleaños es el miércoles y te están preparando una "fiesta sorpresa" para el sábado.

Mis objeciones son tan predecibles como las festividades.

—¿No podríamos dejar de celebrarlo este año? —objeto.

—Mira —me dice uno de mis hermanos—, la fiesta no es para ti, sino para la gente.

Y soy conducido entonces al salón de la parroquia para una falsa reunión, y puedo escuchar a la gente susurrar entre sí: "El Padre ya viene". Cruzo la puerta, las luces se encienden, la gente grita y los mariachis comienzan a cantar. Tengo la misma expresión de sorpresa incómoda del año anterior. Ellos saben que uno sabe, pero no les importa. Simplemente te aman, y amarte es su alegría.

El poeta Rumi dice, "Encuentra el mundo real, regálalo interminablemente, enriquécete dándole oro a todo aquel que te lo pida. Vive en el corazón vacío de la paradoja. Bailaré contigo allí, mejilla con mejilla".

Bailar cumbias con las mujeres de Dolores Mission es algo que está a tono con el gran deseo de Dios de bailar mejilla a mejilla con cada uno de nosotros.

Meister Eckhart afirma, "Dios es más grande que Dios". La esperanza es que nuestro sentido de Dios se vuelva tan expansivo como es nuestro Dios. Cada pequeña concepción desaparece a medida que descubrimos más y más a ese Dios cada vez más grande.

Dios, supongo

* * *

En Camp Paige, un centro de detención del condado cerca de Glendora, estaba conociendo a Rigo, un convicto de quince años que iba a hacer su primera comunión. Los voluntarios católicos le habían regalado una camisa blanca y una corbata negra, aún faltaban unos quince minutos antes de que los otros jóvenes prisioneros asistieran a la misa en el gimnasio. Yo le estaba haciendo unas preguntas básicas a Rigo sobre su familia y su vida. Le pregunté por su padre.

—Ah —dijo—. Es un adicto a la heroína y realmente nunca ha estado en mi vida. Siempre me golpeaba. De hecho, actualmente está en prisión. Escasamente ha vivido con nosotros.

Y entonces hay algo que lo sacude, una imagen que le llama la atención.

—Creo que fue durante el cuarto grado —dice—. Llegué a casa. Me enviaron de la escuela a mediodía porque tuve un pedo. No recuerdo qué sucedió exactamente. Cuando llegué, mi jefito estaba allá y me dijo, "¿Por qué te enviaron a casa?", y como siempre me pegaba, le respondí, "¿Prometes que no me pegarás si te lo digo?". Él me respondió, "Soy tu padre. Por supuesto que no te voy a golpear". Entonces le conté. —Rigo se detuvo. Comenzó a llorar, y poco después se quejó, balanceándose de un lado a otro. Lo abracé, pero estaba inconsolable. Cuando por fin logró hablar un poco, simplemente dijo—: Me golpeó con un tubo… con un… tubo.

Cuando recobró la compostura, le pregunté:

—¿Y tu mamá?

Señaló en la distancia, y vi a una mujer pequeña a la entrada del gimnasio.

—Es ella, la que está allá —hizo una pausa—. No hay nadie como ella —de nuevo, una imagen parece surgir en su mente y un pensamiento acude a él.

—Llevo más de un año y medio encerrado. Viene a verme todos los domingos. ¿Sabes cuántos autobuses toma para venir a verme?

Comienza a llorar repentinamente con la misma intensidad de antes, y de nuevo, tarda un tiempo en recobrar el aliento y en poder hablar, y jadea entre lágrimas cuando lo hace.

—Siete autobuses. Ella toma... siete... autobuses. Imagínate.

Cómo imaginar entonces el corazón expansivo de este Dios —más grande que Él— que toma siete autobuses sólo para llegar a nosotros. A veces nos conformamos con poco menos que con la intimidad con Dios, cuando todo lo que Él anhela es ésta solidaridad con nosotros. Cuando se habla de grandes amigos en español, se dice que son "uña y mugre". Nuestra imagen de lo que es Dios y de lo que está en su mente es más pequeña que problemática. Tropieza más con nuestro débil sentido de Dios que con declaraciones conflictivas con respecto al credo, o con consideraciones teológicas.

El deseo que hay en el corazón de Dios es infinitamente mayor que lo que puede conjurar nuestra imaginación. Este anhelo de Dios de darnos paz, seguridad y un sentido del bienestar sólo espera nuestra disposición para cooperar con su magnanimidad infinita.

* * *

"Contempla a aquel que te contempla y sonríe". Es precisamente porque tenemos un sentido tan fuerte de la desaprobación en nuestro interior, que tendemos a crear a Dios según nuestra propia imagen. Es realmente difícil para nosotros comprender que la desaprobación no parece ser parte del ADN de Dios. Dios está demasiado ocupado amándonos como para tener tiempo de desilusionarse.

* * *

Un día recibí una llamada en mi oficina alrededor de las tres de la tarde. Era César, un cuate de veinticinco años, a quien he conocido durante casi toda su vida. Puedo recordar cuando lo conocí; era un niño pequeño de Pico Gardens, durante el terremoto de 1987, cuando los proyectos se convirtieron en una ciudad de carpas. Las personas seguían viviendo en ellas mucho tiempo después de haber pasado el peligro. César fue uno de los muchos niños que buscó consuelo en mí.

—¿Vamos a estar bien? ¿Es el fin del mundo?

Pasé cada noche durante esas dos semanas caminando por las carpas, y siempre asocio a César con ese periodo.

Me llama porque acaba de cumplir una condena de cuatro años en prisión. El terremoto era el menor de los problemas de César. Se había unido a la pandilla local, pues no había nadie que pudiera controlarlo. César había pasado más tiempo en prisión que afuera. Hablamos por teléfono, y me dice frases breves:

—Es bueno estar afuera; me gustaría verte —y luego dice—, sólo déjame llegar al grano.

No estaba seguro de haber comprendido lo que quería decir.

—¿Sabes? Acabo de salir de la pinta y realmente no tengo un lugar adónde ir. En estos momentos estoy en el apartamento de un amigo —aquí, en El Monte— lejos de los proyectos, del barrio y de los cuates. ¿Y sabes qué? No tengo ropa. Mi mujer me dejó y quemó toda mi ropa; creo que en señal de rabia conmigo. Yo espero a que siga hablando.

—Así que no tengo ropa —dice—. ¿Puedes ayudarme?

—Por supuesto, hijo —le respondo—. Son las tres. Te recogeré a las seis, después del trabajo.

Me dirijo al apartamento a la hora señalada, y me sorprende ver a César esperándome en la acera, pues estoy acostumbrado a tener que buscarlos cuando me piden que vaya por ellos. Creo que puede decirse que César tiene un aspecto que da miedo. No sólo se debe a que sea grande, y especialmente, acabado de salir de prisión, "hinchado" tras levantar pesas; César destila amenaza. De modo que allí está, esperándome de pie. Cuando ve que soy yo, este enorme ex convicto comienza a saltar de arriba abajo y de un lado para el otro, aplaudiendo, contento de verme.

Sube como un bólido a mi auto y pasa sus brazos alrededor mío.

—Me puse muuuuyyyy feliz al verte.

Tenía una esencia que no había cambiado desde que era un niño y quería saber que el mundo estaba a salvo de los terremotos.

Vamos a JCPenney y le digo que puede comprarse doscientos dólares en ropa. Sus brazos no tardan en llenarse con prendas básicas, y ambos hacemos una larga fila para pagar todo eso. Todos los clientes miran a César. No sólo tiene un aspecto amenazante, sino que parece haber perdido el botón del volumen. La gente no puede evitar mirarlo, aunque parecen esforzarse demasiado en fingir que no están escuchando.

—Oye —dice, en lo que podría definirse como una voz endiabladamente alta—, ¿ves esa pareja que está allá?

No soy el único en darse vuelta y mirar. Todos los que están en la fila se dan vuelta y hacen lo mismo. César señala a una pareja joven con un hijo pequeño.

—Fui donde ese tipo, lo miré y le dije, "Oye, ¿no te conozco acaso? Y su ruca agarra al morrito, y lo sostiene. Menea su cabeza y dice, "NO, NO TE CONOCEMOS", completamente paniqueada. Luego el vato me mira como si le fuera a dar un maldito paro cardiaco, y niega con la cabeza, "NO, NO TE CONOZCO". Entonces lo miro más de cerca y digo, "*Spensa,* creí que eras otra persona". Y entonces se relajan por completo cuando digo eso. —César toma aire—. Maldita sea, G... ¿realmente doy tanto miedo?

Asiento con la cabeza y digo: —Sí, bastante, *dog.*

Los clientes no pueden evitarlo, y todos nos reímos.

Dejo a César en el apartamento de su amigo. Se vuelve callado y vulnerable, temeroso como un niño desplazado por el terreno cambiante.

—Simplemente no quiero regresar. La neta, tengo miedo.

—Mira, hijo —le digo—, ¿quién tiene un corazón más grande que el tuyo? Dios está en el centro de ese corazón grande, viejo y maravilloso. Aférrate a él, *dog,* porque tú tienes aquello que el mundo desea. Así las cosas, ¿qué podría salir mal?

Nos despedimos y cuando lo veo alejarse solitario, siento que su bondad y dulzura me desarman como una especie de elixir que disipa mis dudas y me invita a no sentir temor.

El teléfono suena a las tres de la mañana. Es César. Dice lo mismo que todos los cuates cuando llaman a medianoche: —¿Te he despertado?

Y siempre pienso, *No, ¿por qué? Precisamente estaba esperando a que me llamaras.*

César está sobrio y le urge hablar conmigo.

—Tengo que preguntarte algo. ¿Sabes que siempre te he visto como a mi padre desde que era un niño pequeño? Pues bien, tengo que hacerte una pregunta.

Hace una pausa y la gravedad de todo hace que su voz tiemble y se derrumbe.

—¿He... sido tu... hijo?

—Claro que sí —le respondo.

—¡Jiú! —exclama César—. Eso creí.

Ahora su voz se sumerge en la cadencia de un llanto sofocado.

—Entonces... seré... tu hijo. Y tú... serás mi padre. Y nada nos separará, ¿verdad?

—Así es.

Al despuntar esa mañana, César no descubrió que era un padre; descubrió que es un hijo que vale la pena tener. La voz atravesó las nubes de su terror y el lío agobiante de su propia historia, y se sintió amado. Dios, maravillosamente confortado en él, es donde quiere que César viva.

Jesús dice en el Evangelio de Mateo, "Qué estrecha es la puerta que conduce a la vida". Pienso que todos hemos creído de manera errónea que nos habla de una restricción y que el camino es estrecho, pero realmente quiere que veamos que la estrechez *es* el camino.

Santa Eduviges escribe, "Todo es estrecho para mí, me siento sumamente extensa". Se trata de llegar a un lugar central. Nuestra opción es no enfocarnos en lo estrecho, sino en estrechar nuestro atención. La puerta que conduce a la vida está libre de toda restricción, y es una entrada a lo expansivo. Hay una vastedad en saber que eres un hijo o hija que vale la pena tener. Vemos nuestra plenitud en la visión expansiva que Dios tiene de nosotros, y nos marinamos en eso.

* * *

En marzo de 2004, Scrappy entra a nuestra oficina y —no me enorgullezco de reconocerlo—, el alma se me cae a los pies. Desde el ángulo que me ofrece la oficina, enmarcado por el vidrio, puedo ver a Scrappy hablar con Marcos, el recepcionista, que también pertenece a la pandilla de Scrappy. Parece estar firmando para ir a mi oficina. No lo he visto en diez años, desde que fue enviado a prisión, y no sé si habrá puesto los pies en mi oficina antes de eso. Mi corazón cae en un registro bajo: digamos que Scrappy y yo nunca hemos estado en buenos términos. Lo conocí en el verano de 1984, cuando yo estaba recién ordenado en Dolores Mission. Él tenía quince años, y su oficial de libertad condicional lo había asignado a la iglesia para terminar sus horas de servicio comunitario. Tenía una mala actitud del tamaño de un Pontiac. "No tengo que hacer lo que me dices".

Unos cinco años después, estoy frente a una iglesia abarrotada, oficiando las honras fúnebres de un amigo de Scrappy. "Si ustedes aman a Cuko y quieren honrar su memoria", le digo a la congregación, "entonces deberán trabajar por la paz y amar a sus enemigos". Scrappy se levanta de inmediato y sale al pasillo central. Todos lo miran y yo dejo de hablar. El eterno ceño fruncido que había conocido en aquel verano de 1984 se cierre sobre mí mientras camina hacia delante. Permanecemos frente a frente, me lanza una mirada intensa y llena de maldad, y se da vuelta para salir por la puerta lateral.

Tres años después estoy montando en bicicleta, como hacía con frecuencia en aquellos días, "patrullando" los proyectos de noche. Llego al barrio de Scrappy, pues hay una conmoción. Los cuates han formado un círculo y dos miembros de la cúpula van adelante. Me abro camino entre la muchedumbre y veo a Scrappy peleando con uno de sus cuates. Poco después descubro que era por una jaina. Detengo la pelea, y Scrappy se lleva la mano al bolsillo delantero de sus pantalones y saca un arma que agita demencialmente. La multitud parece más horrorizada que yo. Se escuchan jadeos y súplicas.

—Maldita sea, *dog*, guarda esa arma.

—No irrespetes a G.

Scrappy me apunta con el arma y lanza una risotada a medias: —Mierda, a ti también te destrozaría el trasero.

¿Comprenden el tipo de relación que teníamos?

Así que cuando lo veo entrar a mi oficina varios años después, tardo un momento, pero recupero mi corazón, del fondo del sótano, y Marcos me dice por el intercomunicador:

—Scrappy está aquí —y luego su voz se hace chillona y vacilante—, ¿quieres recibirlo? —Marcos sabía que yo dudaría un poco.

—Sí, hazlo pasar.

Scrappy no es grande, pero no hay un asomo de grasa en su contextura mediana. Tiene el cabello peinado hacia atrás y un bigote ralo. Me abraza porque sería extraño no hacerlo. Después de todo, nos conocemos desde hace veinte años.

Se sienta y no pierde el tiempo.

—Mira, simplemente seamos honestos el uno con el otro y hablemos como hombres. Sabes que nunca te he irrespetado.

Yo pienso lo contrario y quiero decírselo.

—¿Y qué tal cuando te saliste de misa durante el funeral de Héctor?... ¿O cuando me apuntaste con un cuete?

Scrappy parece auténticamente sorprendido por lo que acabo de decir, y ladea su cara y la sacude como un perro confundido.

—Sí, está bien..., pero además de eso —señala.

Entonces hacemos algo que nunca habíamos hecho en los veinte años que nos conocemos: nos reímos. Realmente lo hacemos, y tengo que apoyar la cabeza en mi escritorio. Seguimos así, y Scrappy apela a la esencia de su ser, más allá de la condición de chingón que tiene en su pandilla.

—He pasado los últimos veinte años tratando de consolidar una reputación... y ahora... me arrepiento... de tener una.

Y acto seguido comienza a llorar. Es un llanto de verdad. Se dobla, y eso parece aliviar su gran dolor. Deja de sollozar, intenta respirar, se seca las lágrimas y se pasa el puño de la camisa por la nariz. Finalmente hace contacto visual conmigo.

—¿Qué haré ahora? Sé vender drogas. Sé defenderme. Sé cómo golpear a los tontos en prisión. No sé cómo cambiarle el aceite a mi auto. Sé conducir, pero no se cómo estacionarme. Y no sé cómo lavar mi ropa salvo en el lavamanos de una celda.

Lo contrato ese día y comienza a trabajar al día siguiente en la cuadrilla de graffitis.

Como dicen las Escrituras, Scrappy descubrió "que estaba pisando Tierra Santa". Encontró la puerta estrecha que conduce a la vida. La voz de Dios no era restrictiva. Scrappy se encontró en el centro de la inmensidad y en todo el corazón expansivo de Dios. El lugar sagrado que Dios le había mostrado durante toda su vida, no fue algo a lo que Scrappy llegó, sino que él lo descubrió. Scrappy no golpeó la puerta para que Dios lo viera. No había necesidad de ella, pues él ya estaba adentro.

* * *

Dios parece ser un participante involuntario en nuestro intento por encasillarlo. En el instante en que pensamos que hemos llegado al sentido más expansivo de lo que Dios es, "Este Dios grande y desaforado", como escribe el poeta Hafez, rompe con la claustrofobia de nuestra propia articulación, y las cosas se hacen grandes de nuevo. Richard Rohr escribe en *Everything Belongs* (Todo pertenece), que no se debe descartar ningún aspecto de nuestra humanidad. El amor rígido de Dios, que no puede expresarse con nuestras palabras, quiere aceptar todo lo que somos, y ve nuestra humanidad como el lugar privilegiado para encontrar este amor magnánimo. No debemos menospreciar ningún aspecto de nuestra naturaleza intrínseca o problemática. Aquí donde estamos, con todos nuestros errores e imperfecciones, es Tierra Santa. Es donde Dios ha elegido intimar con nosotros sólo de este modo. El momento de la verdad de Scrappy no consistió en reconocer que había sido decepcionante durante todos estos años, sino en comprender que Dios lo había contemplado y le había sonreído durante todo este tiempo, incapaz de mirar a otro lado. Realmente es cierto que no podemos juzgar un libro por su carátula, ni por su primer capítulo, incluso si tuviera "veinte años de largo". Cuando la vastedad de

Dios, supongo

Dios se cruce con la restricción de nuestra propia humanidad, las palabras no podrán contenerla. Lo mejor que podemos hacer es encontrar los momentos que rimen con este corazón expansivo de Dios.

Pasé un año en Cochabamba, Bolivia, poco después de haber sido ordenado sacerdote. Fue un tiempo lleno de gracia que me cambió para siempre. Mi español era muy pobre y tuve que desempeñarme en el ministerio y estudiar el idioma durante ese año. Podía celebrar la Eucaristía en español (después de un verano en Dolores Mission), pero durante algún tiempo fui esclavo del misal. Desde muy pronto comencé a trabajar para una comunidad llamada Temporal, que había estado mucho tiempo sin un sacerdote. Pocas semanas después de estar allá, llegó un grupo de trabajadores de la salud para pedirme que celebrara una misa en Tirani, una localidad quechua arriba de Cochabamba, cuyos pobladores indígenas cultivaban flores para el mercado. Era común ver campesinos recorrer el largo camino desde Tirani con un cargamento inmenso de flores atado a sus espaldas. Caminaban hacia la ciudad completamente agachados, como bestias de carga.

Los trabajadores de la salud me explican que los indios quechuas de Tirani llevan una década sin ver a un sacerdote, por lo cual me piden celebrar la misa en español, y uno de ellos traducirá al quechua (todos los habitantes hablan quechua, y sólo los hombres pueden defenderse en español). Los trabajadores me recogen al pie de una colina, un domingo a la una de la tarde. Subo al platón de un camión donde hay varias personas, y subimos la montaña. A medio camino decido ver qué tengo en mi mochila. He traído todo lo que necesito, salvo un misalete. No encuentro palabras. En ese momento de mi sacerdocio, yo no podía decir una misa en inglés, y pensar hacerlo en español era absurdo. Tengo una Biblia en español, así que paso rápidamente las páginas tratando de encontrar pasajes semejantes a las palabras de la consagración.

Intento localizar cualquier parte del Nuevo Testamento donde Jesús esté sentado en una mesa y comiendo. Pronto, mi cuerpo me introduce a las maravillas propias de los múltiples saltos del vehículo debido a los baches de la carretera, y eso que todavía no he llegado a Tirani. Estoy completamente sonrojado y acalorado.

Nos detenemos en una zona abierta y extensa, un cultivo sin sembrados, donde varios centenares de indios quechuas se han reunido alrededor de una mesa, nuestro altar. Yo avanzo, improvisando en la liturgia de la Palabra, ayudado por los trabajadores de la salud que lo leen todo en quechua. Los hombres rezan y es mi turno de hablar. Parezco la víctima de un grave accidente automovilístico: no puedo recordar nada.

Sólo sé que tengo una hoja con apuntes, con citas sobre las Escrituras; levanto el pan y el vino y me quedo sin saber qué decir. Sería difícil imaginar una misa peor que ésta.

Me siento agotado y humillado al terminar; camino sin rumbo, tratando de recuperarme de nuevo, cuando una trabajadora de la salud se acerca con una mujer quechua.

—No se ha confesado en diez años.

La deja conmigo, y la viejita me cuenta una década de pecados en quechua, con un ritmo casi cantado. Yo simplemente asiento como un menso esperando una pausa que me indique que ella ha terminado. La mujer tiene pulmones y no parece tener necesidad de tomar aire. Habla sin parar durante media hora. Finalmente se detiene, y logro comunicarle una penitencia

Dios, supongo

y darle la absolución que me sé de memoria. Ella se va, y descubro que he sido abandonado: El campo donde celebramos la misa está vacío.

De manera inexplicable, el camión y los trabajadores de la salud se han ido. Estoy solo en la cima de esta montaña, varado, no sólo sin un medio de transporte, sino con una humillación abrumadora, pues estoy convencido de que no hay peor sacerdote que haya visitado este lugar o caminado por esta tierra.

Emprendo el largo camino de descenso por la montaña hacia el pueblo con la mochila a mis espaldas y mi espíritu desinflado.

Pero antes de dejar atrás el campo de fútbol donde hemos improvisado nuestra catedral, un anciano campesino quechua avanza en mi dirección; parece haber salido de la nada. Se ve anciano, pero sospecho que su cuerpo ha sido curtido por el trabajo y las cargas de la vida indígena. Se acerca y veo que viste unos pantalones de algodón amarrados, y una camisa blanca de botones con el cuello completamente raído. Lleva una cuerda a manera de correa. Su saco está totalmente desgastado. Su sombrero de fieltro está endurecido por los años. Calza huaraches, y sus pies están llenos de barro. Tiene arrugas y surcos en todos los lugares donde un rostro humano los pueda tener. Es al menos un pie más bajo que yo, se acerca y me dice, *"Tatai"*.

Esta palabra quechua significa "Padrecito", y está llena de cariño, afecto y una intimidad encantadora. Me mira con ojos penetrantes y cansados y dice, *"Tatai*, gracias por haber venido".

Pienso decirle algo pero no se me ocurre nada. Lo cual está bien, porque antes de poder hablar, el anciano se mete las manos en los bolsillos de su saco y extrae puñados de pétalos de rosas de varios colores. Se ha puesto de puntillas y me hace un gesto para que incline mi cabeza, después de lo cual deja caer

41

los pétalos en ella; yo me quedo sin palabras. Se lleva las manos a sus bolsillos de nuevo y saca dos puñados más. Hace esto una y otra vez, y la provisión de pétalos rojos, rosados y amarillos parece ser infinita. Simplemente permanezco allí y lo dejo hacer esto, mientras miro mis propios huaraches, ahora humedecidos con mis lágrimas y cubiertos con pétalos de rosas. Finalmente se marcha y me quedo allí, solo, únicamente con el fragante aroma de las rosas.

Nunca volví a ver a este anciano, aunque regresé muchas veces a Tirani.

Dios, supongo, es más expansivo que cualquier imagen que creamos que esté en armonía con Él. El Dios que tenemos es mucho más grande que el que creemos tener. Antes que nada, la verdad de Dios parece consistir en una alegría ajena a la decepción y a la desaprobación. Esta alegría no sabe de qué estamos hablando cuando nos enfocamos en la restricción de no medir. Esta alegría, la alegría de Dios, es como un grupo de mujeres reunidas en el salón de la parroquia durante tu día de cumpleaños, que sólo quieren danzar contigo mejilla con mejilla. "Primero lo primero", como dice Daniel Berrigan. Dios, que es más grande que él, sólo tiene una cosa en su mente, y es arrojar pétalos de rosas sobre nuestras cabezas de manera interminable. Contempla a Aquel que no puede apartar sus ojos de ti.

Marinémonos en la vastedad de eso.

2

Des-gracia

La mayoría de las misas que celebro en los campos probatorios tienen lugar el sábado por la mañana. Luego me
apresuro a casa para una tarde llena de bautizos, bodas y quinceañeras en Dolores Mission, que comienzan generalmente a
la una o dos de la tarde. Tengo un pequeño descanso de media hora entre las misas de los campos y los bautizos, así que voy
a la oficina a leer la correspondencia. No pasan más de quince
minutos cuando entra una mujer de treinta y algo de años.
Inmediatamente miro el reloj de la pared, veo cuánto tiempo
tengo antes del bautismo, y ya me estoy lamentando de que seguramente no podré leer todo el correo.

Poco después me entero de que la mujer se llama Carmen.
Es una persona conocida de la Calle Primera, y sin embargo, es
su primera visita a Homeboy. Hoy es el momento elegido por
ella. Carmen es una adicta a la heroína, miembro de una pandilla, mujer de la calle, prostituta ocasional, y peleonera sin igual.
Generalmente se la pasa en la calle, gritándoles a los peatones.

Es una verdadera gritona que increpa a los hombres que están en el Bar Mitla mientras camina por la acera. Cuando conversa con familiares o amigos en el teléfono público, la he escuchado decir varias veces y en voz alta, "ÁNDALE, SÓLO DÉJAME QUEDARME POR ESTA NOCHE".

Tengo siete minutos para llegar a tiempo al bautizo. Carmen tiene el pelo completamente rubio, y es obvio que no es el color que Dios le dio originalmente. Es atractiva pero está muy ajada por la heroína y la vida de la calle. Se desploma en una de las sillas de mi oficina y dice sin mayores preámbulos:

—Necesito ayuda —señala con desparpajo y sin rodeos—. Oooooohhh —dice—, he estado como en cincuenta centros de rehabilitación. Me conocen en todo… el país.

Sonríe. Sus ojos divagan por mi oficina y observan todas las fotografías. Hace varias cosas al mismo tiempo y su inspección no la desvía de su monólogo interior descontrolado. La familia llegará al bautizo en cinco minutos.

—Siempre estudié en la escuela católica. De hecho, terminé la secundaria, y comencé a consumir heroína después de graduarme —Carmen entra en un tipo de trance y su modo de hablar se hace deliberadamente lento y pausado—. Y he… tratado de dejarla… desde… el momento en que empecé a consumirla.

Luego veo a Carmen recostar su cabeza hacia atrás, hasta la pared. Mira el techo, y en un instante, sus ojos se convierten en dos estanques, y el agua llega hasta los bordes y se derrama. Después me mira, realmente por primera vez, y se endereza.

—Soy… una… desgracia.

Súbitamente, su vergüenza se encuentra con la mía, pues cuando sale por la puerta, me doy cuenta de que me había equi-

Des-gracia

vocado al creer que me estaba interrumpiendo. El autor John Bradshaw dice que la vergüenza es la fuente de todas las adicciones. Esto es cierto con respecto a la adicción a las pandillas. Así las cosas, se trata de que la vergüenza de los demás tenga una influencia en nuestras vidas. No para aliviar el dolor, sino para sentirlo. El teólogo Beldon Lane escribe: "El amor divino es incesantemente incansable, hasta que convierte todas las heridas en salud, toda deformidad en belleza y toda vergüenza en risa".

Sin embargo, hay un sentido palpable de la desgracia atado como un tanque de oxígeno a la espalda de todos los cuates que conozco. En una carta desde la prisión, el miembro de una pandilla escribe: "La gente me ve como si yo fuera menos". Esto es difícil de superar y asimilar. "No eres bueno". "Vives en los proyectos". "Tu mamá es una adicta al crack". "Tu papá es un tecato". "Hoy tienes la misma ropa de ayer".

Alguien me había dicho que un chico que vivía en los proyectos y trabajaba en mi oficina, acostumbraba llegar tarde a la escuela y a perder clases, así que le hablo de esto.

—He sabido que muchas veces llegas tarde a la escuela.

Inmediatamente se queja: —Tengo muy poca ropa.

Él había interiorizado tanto el hecho de que no tenía ropa limpia (o que tenía muy poca) que terminó infectando su sentido mismo del yo.

Conocí a Zurdo, un recluso de la prisión estatal Folsom, cuyo padre se emborrachaba y golpeaba a su mamá. Un sábado por la noche golpeó tan fuerte a su madre que al día siguiente sus hermanas tuvieron que ayudarla a caminar, como si estuviera ciega. Tenía los ojos hinchados y completamente cerrados.

El domingo, el padre de Zurdo y sus hermanos están sentados en el sofá, viendo un partido de fútbol. Zurdo se dirige con calma al cuarto de sus padres, saca un revólver de la mesa de noche de su padre, y se dirige a la sala. Se para frente a la televisión. Su padre y sus hermanos retroceden tanto como pueden, horrorizados. Zurdo le apunta con el arma y le dice, "Eres mi padre, y te quiero. Si vuelves a pegarle otra vez a mi madre... te... mataré".

Zurdo tenía nueve años y no mató a su padre. Sin embargo, una parte de nuestro espíritu muere cada vez que se le pide que soporte más horror, violencia y traición del que puede. "Porque Dios, en su misericordia", dicen las escrituras, "nos trae de lo alto el sol de un nuevo día, para dar luz a los que viven en la más profunda oscuridad, para dirigir nuestros pasos por el camino de la paz". ¿Cómo hacen para encontrar la luz quienes "viven en la más profunda oscuridad"?

El poeta Shelley dice, "Amar y soportar, esperar hasta que la esperanza cree, a partir de su propio naufragio, aquello que contempla".

¿Cómo hace uno para estar con los chicos, forjando con paciencia —y a partir del desastre que supone toda una vida de vergüenza interiorizada—, el entendimiento de que a Dios les parecen (y parecemos) totalmente aceptables?

Una parte del problema es que, en el fondo, tendemos a pensar que la vergüenza y el pecado son algo que le sucede a otra persona. Mi vergüenza no puede coincidir con la de Carmen a menos que yo disipe esa noción, ni con la de una mujer que iba todos los días a misa en Dolores Mission y durante la oración de petición, siempre decía lo mismo; "Por los pecadores, para que ELLOS...". Ella nunca decía "nosotros los pecadores", pues parecía algo ajeno a ella. Sin embargo, es precisamente dentro del entorno de nuestra propia vergüenza que somos llamados a la integridad. "Incluso allí,", nos dice el Salmo 39, incluso en el lugar más oscuro somos conocidos; sí, incluso allí. Mi ego falsamente autoritario, nocivo y prisionero es atraído al corazón expansivo de Dios. Es precisamente a la luz de la vastedad de Dios y de su aceptación de mi ser, que yo puedo aceptar el daño que hago por lo que realmente es. Hay un anhelo en todos nosotros de estar embelesados con Dios, tanto así que nos convertimos en mensajeros transparentes de Su misericordia para aquellos que están hundidos en la desgracia, bajo la sombra de la muerte. Queremos estar poseídos por esa misma ternura, y exhibir la grandeza de Dios.

* * *

Odio el 4 de julio. Dura dos meses enteros en mi barrio; todo junio y todo julio. Durante sesenta días el barrio se convierte en un Beirut: fuegos artificiales, petardos y dinamita. Es algo interminable y molesto. Un sábado por la mañana, durante esta temporada, estoy en mi oficina, y de un momento a otro escucho el sonido de varios petardos que parecen provenir del baño al lado de la cocina. El estruendo es increíble, y por supuesto, estoy sumamente enfadado. Cuando llego allá, Candy, una cuata, gime como alma en pena, gritándole a Danny, el presunto culpable.

—¿Cómo te atreves a irrespetar así la oficina de G?

—¿Quién eres tú para decirme algo? —responde él. Tiene diecinueve años y es mucho más bajito que Candy, pero es evidente que no se "va a dejar". Puedo oler el sulfuro de los petardos salir del baño mientras los separo y conduzco a Danny al estacionamiento.

Normalmente, me habría gustado darle una buena reprimenda, pero hago algo que rara vez consigo hacer. Me convierto en una mezcla de la Madre Teresa y Gandhi.

—¿Cómo estás? —le pregunto con suavidad en el asfalto caliente del estacionamiento.

—YO NO FUI —señala, como suelen decir los pandilleros.

—Lo sé —respondo, en una actitud totalmente beligerante, y yendo en contra de cada fibra de mi ser—. Lo sé, lo sé, pero me preocupo por ti —le digo con tanta calma como puedo—. ¿Cómo estás?

—Bien.

—¿Has comido algo hoy?

—No.

Le doy cinco dólares.

—¿Por qué no vas y comes algo en "Jim"?

Danny comienza a alejarse y dice "aunque no me creas", para que lo escuche. Lo llamo.

—Danny, si me dices que no lo hiciste, mijo, es lo único que necesito oír.

Danny permanece bajo el sol de julio y comienza a llorar. Arrinconado por la vergüenza y la desgracia, acepta entrar en una vastedad que no es la mía.

El escritor y psiquiatra James Gilligan sostiene que el "yo" no puede sobrevivir sin amor, pues muere si no lo tiene. La ausencia de amor propio es la vergüenza, "así como el frío es la ausencia de calor". La desgracia que oscurece el sol.

Obviamente, la culpa consiste en sentirnos mal por nuestros actos, pero la vergüenza es sentirnos mal con nosotros mismos. El fracaso, el bochorno, la debilidad, la falta abrumadora de valor y el hecho de sentirnos desgraciadamente "menos que" son cosas que carcomen hasta la médula del alma.

Des-gracia

La madre Teresa le dijo a un cuarto lleno de leprosos lo amados que eran por Dios y que eran un "regalo para el resto de nosotros". Un leproso la interrumpe y levanta la mano, y ella le dice, "¿Puedes decir eso de nuevo? Me hizo bien, así que ¿por qué no... lo dices otra vez?".

Richard Rohr, sacerdote franciscano, escribe que "El Señor acude a nosotros disfrazado de nosotros mismos".

Hemos llegado a creer que así es. Lo único que sabemos sobre el "crecimiento" de Jesús es que él creció en edad, sabiduría y favor con Dios. ¿Pero realmente crecemos en el favor de Dios? ¿Jesús se hizo cada vez más favorable a Dios, o simplemente descubrió con el paso del tiempo que le era totalmente favorable?

* * *

Lula creció en nuestra oficina. Tiene poco más de veinte años ahora y es padre de un hijo. Tenía diez años cuando llegó aquí, y lo conocí en Aliso Village, en la caza anual de huevos de Pascua, que no fue preparada al estilo de la Casa Blanca, simplemente algo que organizaron a última hora las señoras de la parroquia, pero los niños parecieron pasarla bien. Lula era un chico delgado que parecía recién llegado del Tercer Mundo, desnutrido y sucio. Estaba solo y nadie parecía acompañarlo o prestarle atención, salvo para robarle los huevos.

—Mi nombre es Luis, pero todos me llaman Lula —dijo.

Recuerdo que una semana después estoy en una intersección y lo veo cruzar la calle solo y con torpeza. Bajo la ventanilla y le digo: —Oye, Lula.

Cualquiera habría pensado que lo electrocuté. Todo su cuerpo se estremece de alegría al saberse conocido, al ser llamado, al escuchar su nombre pronunciado en voz alta. Mientras cruzaba la calle, Lula se dio vuelta todo el tiempo para mirarme y sonreírme.

No le fue bien en la escuela. Estaba en "educación especial" y hablaba muy despacio. Yo le ayudaba a entender lo que la gente decía. Él no sabía decir la hora, hasta que Lupe Mosqueda, quien hacía parte de nuestro personal, le enseñó a usar un papel con manecillas que podían moverse. Tenía quince años tal vez cuando aprendió el concepto del tiempo.

Todos en Homeboy le enseñamos a recordar el día de su cumpleaños, pues no tenía idea de esa fecha antes de los catorce años. Una vez llegó a la oficina con una de esas cintas rojas que reparten en la escuela para conmemorar alguna cosa.

—Oye, Lula —le digo—, ¿para qué es esa cinta?

Él la mira atentamente y se queda pensativo un buen tiempo.

—PARA DROGAS LIBRES —dice.

—Lula —le ayudo—, ¿tal vez será para la Semana Sin Drogas?

—Sí —me dice—. Eso es.

Fue seleccionado para viajar a Washington, D. C., a los diecisiete años, y cuando estaba allá, ve un teléfono público en el centro comercial y llama al número gratuito de Homeboy.

—ESTOY LLAMANDO DEL MEMORIAL —grita.

—¿DE CUÁL MEMORIAL, LULA? —le digo gritando también para sobreponerme al ruido de fondo.

Lula permanece un largo tiempo en silencio, porque, sospecho, realmente no lo sabe.

—El TIPO DEL PENNY —grita.

—¿Quieres decir el Lincoln Memorial? —le digo.

—SÍ —responde él—. ESO.

Cuando Lula comenzó a ir a la oficina poco después de conocerlo, simplemente se iba derechito a mi oficina y se sentaba allá. No conversaba mucho.

Un día, y luego de pasar por los escritorios antes de llegar a mi oficina, varios le dijeron: "Lula, ven acá". "Oye, ¿a dónde crees que vas?". Y procedieron a explicarle que era un acto descortés pasar al lado de ellos sin saludarlos. Le sugirieron que lo hiciera de nuevo. Lula se dirige a la puerta de la entrada, radiante con la simple idea de que los chicos quieran ser saludados por él. Entra de nuevo, y con tono cantarín y cadencioso, semejante casi a un canto gregoriano, dice: "¡HOOOLAAA TOODOOOOS!".

Durante los cinco años siguientes entró a la oficina saludando del mismo modo.

Lula provenía de una familia inmensa, y tenía síndrome de atención deficiente, salvo en nuestra oficina. Todos se afanaban por cuidarlo y él no admitía que fuera de otra manera.

Cuando tenía diez años, entra a mi oficina y permanece en la puerta. Creo que no entra del todo porque estamos en medio de una reunión con promotores laborales. Está a la entrada y sostiene una hoja de papel, sonriendo ampliamente y haciendo un baile en señal de necesitar un baño. Puedo ver que es un boletín de calificaciones. Que Lula, a quien le va tan mal en la escuela, esté tan feliz por sus notas, es motivo suficiente para interrumpir la reunión.

—Ven acá, Lula —le digo, y él avanza entre los adultos. Me entrega el boletín y permanece a mi lado, descansando el codo en mi hombro. No puede contener su alegría. Miro el boletín y veo las notas: F, F, F, F, F, F. Todas son F. *¿Por qué está tan emocionado de mostrarme eso?*, me pregunto mientras inspecciono cada rincón del boletín para encontrar algo que me permita felicitar a Lula. Lo encuentro.

Faltas de asistencia: 0.

—Lula, eso está bien, mijo. No faltaste un solo día (mientras pienso, *¡y bastante que te sirvió!*).

Bato palmas con él cuando empieza a salir de la oficina. John Tostado, uno de nuestros promotores laborales, lo detiene.

—Oye, Lula, ¿te gustaría ganar cinco dólares?

Lula hace una señal afirmativa.

—Éste es el trato —dice John, sacando un billete nuevo de su billetera—. Los cinco dólares son tuyos si respondes correctamente la siguiente pregunta.

Lula empieza a reírse, y prácticamente puedes verlo prepararse para el desafío. Hace unos ejercicios de calentamiento y se sacude. Para Lula, esto es como la Serie Mundial.

—Bueno, Lula, ésta es la pregunta —dice John, y su voz suena como el equivalente moral del sonido de un tambor.

—¿Cuántos... años... tenía... yo... cuando tenía... tu edad?

A Lula se le contrae el rostro, se golpea la frente con el puño, y se retuerce para dar la respuesta acertada. Todos contenemos el aliento. Llega un momento en que realmente podemos ver que un bombillo se "enciende" sobre la cabeza de Lula.

—DIEZ AÑOS —responde Lula.

Todos batimos palmas, y Lula recibe su premio. Camina hacia la puerta y sostiene el botín con las dos manos.

—Eso fue fácil —dice.

Simone Weil tenía razón cuando dijo: "Los desdichados no necesitan nada de este mundo, sino sólo gente capaz de prestarles atención".

A esto se puede agregar la necesidad de extraer el "favor" de nosotros, para que no tratemos de "crecer en favor", sino de reconocer que siempre hemos sido completamente favorables.

Los cuates que han estado tanto tiempo "afuera" olvidan que hay un "adentro". Su sentido del aislamiento es sofocante, y no tardan en "tirar la toalla". Un día, un chico muy triste entra tambaleándose a mi oficina y colapsa en una silla. Un cuate con niños y otras preocupaciones adultas se rinde antes de poder manejarlas.

—Se acabó. Me voy a mudar.

—¿Adónde?

—A Marte.

—¿A Marte?

—Sí, este planeta ya se cansó de mí.

Un cuate que trata de poner en palabras este dolor específico, escribe: "Mi espíritu está muy lacerado. Me duele ser yo".

Ocasionalmente, recibo una solicitud de admisión cuando un cuate viene a mi oficina buscando alguno de nuestros servicios: Remoción de tatuajes, consecución de empleo, consejería, etc. Si yo tuviera un dólar cada vez que ocurriera lo siguiente, cerraría mi oficina.

Tengo la solicitud de admisión, y estoy entrevistando al cuate que está sentado frente a mí.

—¿Cuántos años tienes?

Y el cuate responde: —¿Quién? ¿Yo?

Y yo pienso, *No; me refiero a la edad de tu perro*. Sólo él y yo estamos en la oficina, y sin embargo, pregunta: "¿yo?".

—Sí, tú.

—Ah, dieciocho.

—¿Tienes licencia de conducir?

Tatuajes en el corazón

—¿Quién? ¿Yo?

(Pienso de nuevo: *No, me preguntaba si tu abuela todavía conduce*).

—Sí, tú.

—No; no tengo licencia.

La toxicidad se interioriza tanto que nos borra el "yo". Es imposible que tengas interés en saber cosas de "mí". ¿Estás seguro de que no estás hablando de otra persona que no está allí?

En las Sagradas Escrituras y en la historia, el principio del sufrimiento de los pobres no es que no puedan pagar su alquiler a tiempo o que les falten tres dólares para comprar un paquete de pañales.

Como dice el académico jesuita Marcus Borg, el mayor sufrimiento del pobre es la vergüenza y la desgracia. Se trata de una vergüenza tóxica, de un sentido global del fracaso de todo el yo. Esta vergüenza puede calar muy profundo. Una vez después de dar la misa en un campo probatorio, le pregunté a un cuate si tenía hermanos y hermanas.

—Sí —dijo—, tengo un hermano y una hermana —y luego añadió rápidamente, con énfasis—, pero SON BUENOS.

—Ah —le respondo—, ¿y eso te haría...?

—Aquí —me dijo— preso.

—¿Y ESO te haría...? —le pregunto de nuevo.

—Malo —responde.

Los cuates parecen vivir en la zona postal de la decepción eterna, y necesitan mudarse a otra dirección. Para este fin, uno espera (contra toda inclinación humana) modelar no una concepción falsa de Dios, sino aquello indescifrable que tiene Dios. Tratamos de imitar el tipo de Dios en el que creemos, para quien la decepción es completamente desconocida. Tratamos de vivir ese canto negro espiritual que dice: "Dios mira más allá de nuestras faltas y de nuestras necesidades".

Antes de que los miembros de las pandillas puedan asimilar esto, se ponen escudos protectores llenos de posturas, lo cual le juega una broma a sus identidades completas y verdaderas.

Con frecuencia, durante la misa en los campos probatorios, los chicos hacen fila para hablar uno a uno. Algunas veces los voluntarios invitan a los menores a confesarse, pero generalmente sólo quieren hablar, ser escuchados y recibir una bendición. Estoy sentado en una banca fuera de la cancha de béisbol del Campo Afflerbaugh, y los cuates se acercan para hablar brevemente conmigo. Este día la fila es muy larga. Puedo decir que el próximo chico que está en ella es todo pose y fanfarronería. Su caminado es chingón a la máxima potencia. Mueve su cabeza de un lado al otro para asegurarse de que todos los ojos están posados en él. Se sienta, nos damos la mano, pero él parece incapaz de hacer a un lado su cara de pocos amigos.

—¿Cómo te llamas? —le pregunto.

—SNIPER* —dice con sorna.

—Está bien, mira (yo ya he estado en esta situación), tengo la sensación de que no saliste del cuerpo de tu mamá y ella te miró el trasero y dijo: "Sniper". Así que vamos, *dog*, ¿cómo te llamas?

—González —dice suavizándose un poco.

—De acuerdo, hijo. Sé que el personal de aquí te llama por tu apellido. Yo no quiero hacer eso. Dime, mijo, ¿cómo te dice tu mamá?

—Cabrón.

Hay incluso un leve destello de inocencia en su respuesta.

---

*Francotirador, en español.

55

—Oye, no cabe duda. Pero, hijo, quiero el nombre que aparece en tu certificado de nacimiento.

El chico se ablanda. Sé lo que está sucediendo, pero hay un bochorno y una nueva vulnerabilidad.

—Napoleón —logra farfullar, pronunciándolo en español.

—Guau —le digo—, es un nombre histórico, noble y bonito. Pero estoy casi seguro que cuando tu jefita te llama, no lo hace por tu nombre completo. Oye, mijito, ¿tienes un apodo? ¿Cómo te dice tu mamá?

Entonces lo veo dirigirse mentalmente a un lugar lejano y distante, a un sitio que no ha visitado en mucho tiempo. Su voz, su lenguaje corporal y todo su ser adquieren una nueva forma ante mis ojos.

—Algunas veces… —dice con voz tan baja que tengo que inclinarme para escucharlo—, cuando mi mamá no está enojada conmigo… me dice… Napito.

Veo a este chico transformarse de Sniper a Cabrón, y luego a Napoleón, hasta llegar a Napito. Todos queremos ser llamados del mismo modo en que lo hacen nuestras madres cuando no están enojadas con nosotros.

Los nombres son importantes. A fin de cuentas, la principal ocupación de la mayoría de los miembros de pandillas —y lo que hacen casi todo el tiempo— es escribir sus nombres en los muros. Recuerdo mi primer día de clases en la escuela secundaria Loyola de Los Ángeles. Era 1979 y yo estaba completamente asustado. Entré a mi primera clase con los brazos llenos de libros y haciendo tambalear la infaltable taza de café. Me detengo a la entrada del salón de Donna Wanland, una profesora veterana. Está en su escritorio, leyendo el periódico.

—Es mi primer día de clases —le digo—, dame un consejo.

Des-gracia

Ella retira los ojos del periódico y levanta dos dedos de su mano derecha.

—Dos cosas —dice—. La primera: Aprenderte todos los nombres para mañana. La segunda: Es más importante que ellos te conozcan, que aprendan quién tú eres.

Fue un buen consejo. Lo seguí y creo que me sirvió bastante. Lo recordé al llegar a Dolores Mission. Cuando tomé la decisión de no ser un esclavo de mi oficina, caminé por los proyectos, y muchas veces me acerqué (sin que me invitaran) a varios grupos de pandillas, quienes observaban cada esquina y grieta de los proyectos de vivienda. Casi siempre me recibían con frialdad. (Esto cambió cuando comencé a visitar a los cuates que estaban presos o en el hospital).

Había un chico en particular al que todos conocían como Grillo. Decir que él me daba la espalda, sería poner en entredicho esta parte del cuerpo. Grillo, quien tenía quince años, se marchaba cuando me veía, y regresaba a la bola tan pronto me marchaba (lo noté). Les doy la mano a todos ellos, y cuando llego donde Grillo, deja que le estreche su mano.

—William —le digo—. ¿Cómo estás? Es bueno verte.

William no me responde. Pero cuando me marcho (siempre me propongo no permanecer mucho tiempo), lo escucho decirles a los demás con una voz que raya en el susurro, "Oigan, el padre sabe mi nombre".

"Te he llamado por tu nombre. Eres mío". Fue así como Isaías hace que Dios articule esta verdad. ¿Quién no quiere ser conocido y llamado por su nombre? El acto de "conocer" y "llamar por su nombre" parece aludir a lo que Anne Lamott define como "nuestro sentido interior de la desfiguración".

Por deformes que nos podamos sentir, la atención de otra

persona nos recuerda nuestra verdadera imagen a semejanza de Dios.

Le debo casi todas mis canas a un chico llamado Speedy*. Siempre buscaba tener sensaciones fuertes en el mundo de las pandillas de los proyectos. Y no lo digo en el buen sentido de la expresión. Era una especie de Evel Knievel, haciendo maniobras en territorio enemigo, simplemente para poder llevarse las manos a los oídos, sacar la lengua y decirles, "eee eee eee" a la bola de vatos que sentían un profundo odio por él. Más de una vez lo vi intentar esa actitud de "mete tu cabeza en la boca del león" y lo obligué a volver a su barrio gritándole "o te daré una golpiza en el trasero"; algo que mi madre nunca me enseñó. "¿Estás completamente loco? ¿Quieres que te maten?", le decía.

Una tarde estoy en la sacristía de Dolores Mission, y como es costumbre, estoy retrasado para la misa de la tarde. Miro la iglesia y veo a las viejitas mirar extrañadas sus relojes. Me visto tan rápido como puedo. Speedy entra por la puerta lateral. Tiene diecisiete años, es larguirucho y delgado, pero también atlético, sin duda alguna a causa de ser perseguido todo el tiempo por sus enemigos. Pone sus dos codos en el mostrador de fórmica, y apoya su mejilla en los puños. Hojeo los libros tratando de encontrar las lecturas para la misa.

—¿Sabes algo, G? —me dice—, realmente no me importa estar vivo o muerto.

Me avergüenza reconocerlo, pero sólo pienso en las tres ancianas que llevan esperando veinte minutos a que comience la misa.

---

*Veloz, en español.

58

Des-gracia

—Oye, *dog* —le digo, poniéndome una estola guatemalteca en la cabeza—. Tengo que decir misa. Tendrás que esperar un rato para saber si a mí me importa que estés vivo o muerto.

Speedy sopesa esto en alguna balanza interior y las cosas se equilibran.

—Está bien —dice, y yo lanzo un suspiro mental en señal de alivio.

Tres horas después estoy sentado en mi escritorio. En mis días de párroco, mantenía la puerta de la parroquia abierta, y las personas podían ver con claridad el interior de mi oficina y mi escritorio. Speedy entra, y parece estar de mejor ánimo. Va directo al grano.

—Mira; no quiero que te pongas rojo por lo que voy a decirte.

Obviamente, esto activa mi proceso de enrojecimiento.

—¿Qué hiciste? —le pregunto, mientras permanece al lado de mi escritorio, listo para irse tan rápido como un conejo si mi cara roja se vuelve explosiva.

—Bueno… acompañé a Karla a casa.

Cara roja en la mañana es una señal de advertencia. Estoy disgustado. Karla es una hermosa chica de la que él está enamorado, y vive en medio de los peores enemigos de Speedy. Acompañarla fue poner en peligro la vida de ambos. Fue un acto irresponsable y desmesurado, y tengo la cara completamente roja.

No tengo la oportunidad de expresar mi disgusto con palabras, porque Speedy me cuenta rápidamente el resto de la historia. La deja en su apartamento del segundo piso, y cuando baja las escaleras, se encuentra con ocho miembros de la temida pandilla rival. Ellos no están disgustados de verlo. Al contrario, se les hace agua la boca.

Lo persiguen y le arrojan todo lo que encuentran: piedras,

palos, botellas vacías (si esto hubiera sucedido cinco años después, ya tendrían armas). Ellos le pierden el rastro, y él consigue escapar. No por nada le dicen Speedy.

Cuando se acerca a la Calle Primera y ve la seguridad relativa de su barrio enfrente, se tropieza con Yolanda, una mujer que trabaja con la parroquia. Ella sabe que Speedy no debe estar allí y lo reprende.

—Ven, mijo, ¿qué estás haciendo aquí?

Speedy, que está sin aire y jadeando, agacha la cabeza.

—¿Sabes qué, mijo? —dice ella—. Te digo una cosa. Se me partiría el corazón en dos si te sucediera algo. —Ella casi ni lo conoce—. Sabes que te he visto jugar con tu sobrino en el parque. Eres muy buen tío. También he visto que les das comida a los mendigos en la iglesia, y eso es algo muy bueno y generoso.

Ella retoma lo primero que ha dicho, pero con mayor resolución.

—Pero te digo una cosa, se me partiría el corazón en dos si te sucediera algo. Ahora vete a la casa.

Speedy llega a mi oficina sin aliento, después de este encuentro con una persona casi extraña.

Me mira y sonríe después de contarme su historia.

—Sabes —dice, llevándose el dedo al corazón—. Eso me hizo sentir bien.

Por supuesto que lo hizo. Pero ¿qué puede ser más pequeño en el rango de las relaciones humanas que la misericordia tierna de esa mujer extraña, frotando salvia en las heridas del corazón de este chico sin esperanza? Casi pude escuchar la armadura caer al piso y sonar.

No mucho tiempo después, las cosas empezaron a cambiar para Speedy, especialmente porque así lo quiso él. Como dice

Richard Rohr, Speedy decidió "vivir su camino con una nueva forma de pensar".

Se casó con Claudia, su enamorada, sino de la infancia, sí de su adolescencia. Se mudaron de los proyectos y Speedy comenzó a trabajar en una refinería de petróleo en Richmond, California. Formaron una familia, y actualmente tienen tres hijos; la mayor es una niña, y dos niños. El verano en que Claudia tuvo a la niña, se estrenó la película *Free Willy*. Y como ella es tan pequeña y su barriga era tan grande, le seguí diciendo "Willy". Una vez la llamé en su día de cumpleaños.

—Feliz cumpleaños, Willy —le digo cuando me responde al teléfono.

—¡G, te acordaste!

—Dime —le pregunto—, ¿qué te tiene planeado tu ruco para hoy?

—Ah —dice bajando la voz—, bueno, tenemos poco dinero... y... simplemente estaremos en casa.

—¿QUÉ? No me digas —comento en tono deliberadamente exagerado—. Oye, pásame a ese codo barato.

Speedy pasa al teléfono.

—No puedo creerte, *dog* —comienzo a decirle—, ¿de modo que no puedes sacar veinte dólares para llevarla a comer a la luz de las velas, tú sabes, y susurrarle al oído, "mi vida, mi reina, mi cielo, mi todo"? Qué gacho eres.

Speedy piensa durante un instante.

—¡Híjole! —dice—, le compré rosas, ¿qué más quiere?

Puedo imaginarme a Claudia riendo y abrazando a "su hombre", los dos rodeándose con los brazos, abrazados en la oscuridad y experimentando juntos una luz y una paz real.

Speedy nació en una familia disfuncional en todos los aspectos habituales. Desde que era niño tuvo que padecer el alcoholismo, las peleas, el abandono y todo tipo de carencias además de una tristeza casi disfuncional. A medida que se forjó una vida para su propia familia, sorteó esas minas antipersonas que estallaron con frecuencia durante su infancia.

Un día viene a la ciudad y me invita a cenar. "Pagaré incluso la cuenta", me dice.

En el restaurante, hablamos de su empleo, de su regreso a los estudios, de sus mayores responsabilidades, y de su nuevo liderazgo en la refinería. Le pregunto qué hacen los domingos.

—Bueno —dice dispuesto a dar detalles—. Primero vamos a misa. Luego vamos al Café Mimi. Los niños pueden pedir lo que quieran. Siempre lo hacemos. Después vamos a la librería Barnes and Noble, todos los domingos, durante dos horas. Ahora, sabes muy bien que cuido el dinero, así que nunca compramos libros. Pero cada uno agarra alguno y se va a un rincón. Hay unas sillas muy cómodas en la librería. Luego, cuando llega el momento, dejamos los libros de nuevo en los estantes, pero no nos da tristeza porque sabemos que regresaremos el próximo domingo y continuaremos en la página que habíamos dejado.

Me río y me siento contento y sorprendido.

—¿Sabes algo? Los niños me rogaron que les comprara el nuevo libro de Harry Potter, y yo dije, ¡ni modo! y se los compré. ¿Sabes qué estoy haciendo todas las noches? Me siento en mi silla. Apagamos la televisión y mis tres hijos leen *Harry Potter* en voz alta. Primero, mi hija mayor lee una página entera. Luego se lo pasa a mi hijo, quien lee un párrafo. Luego el bebé, con ayuda de sus dos hermanos, lee una frase, aunque escasamente puede hacerlo. Y se van rotando, ya sabes, página, párrafo, frase. Y yo... —comienza a inclinarse y la voz le tiembla—, yo... sólo cierro los ojos, sentado en mi silla... y escucho a mis hijos... leer... en voz alta.

Speedy se lleva las manos a sus ojos con lágrimas, y está tan sorprendido como yo del giro que ha dado su vida. Me inclino hacia él, por encima de su plato de carne que está a medias y lo tomo del brazo.

—Tienes una vida agradable —le digo. Sus lágrimas fluyen por completo, libremente, y son incluso bienvenidas.

—Sí —me mira—. Sí... así es.

En medio del desastre de nuestro yo desfigurado y deforme, tan oscurecido por la vergüenza y la desgracia, el Señor realmente viene a nosotros disfrazado de nosotros mismos. Y nosotros no crecemos, sino que simplemente aprendemos a prestar más atención. El "sin importar qué" de Dios disuelve la toxicidad de la vergüenza y nos llena de una misericordia tierna. Favorables, finalmente, y llamados por el nombre, por el nombre que usan nuestras madres cuando no están enojadas con nosotros.

3

Compasión

En 1993 di un curso en la Prisión Folsom, "Aspectos teológicos del cuento norteamericano". Desde el comienzo, los reclusos dijeron que querían que yo les enseñara algo, y no solamente las Escrituras. Les dije que yo tenía una maestría en inglés.

—Bueno, sí, enséñanos eso —dijeron.

Entonces nos sentábamos en la capilla, unos quince presos condenados a cadena perpetua y yo, y hablábamos de cuentos. Terminé dando tres clases de este curso sobre cuentos en los tres patios (como en casi todas las prisiones de California, hay tres patios: A [patio de necesidades especiales o de custodia de protección]; B [patio difícil y generalmente de ambiente pesado], y C [un patio moderadamente "programado", aunque con una seguridad muy alta]. Decidí enseñar cuentos para poder sacar fotocopias de algunos que fueran muy cortos, los cuales leíamos y discutíamos.

Uno de ellos era "Un hombre bueno es difícil de encontrar",

de Flannery O'Connor. Cuando lo leyeron, pasamos a la transformación del carácter de la abuela ("Ella habría sido una mujer buena... si alguien le hubiera disparado cada minuto de su vida"). Mis estudiantes hablan del cambio de esta mujer y parecen utilizar los siguientes términos de manera intercambiable: condolencia, empatía, y compasión. Así como un profesor hace tiempo hasta que suene el timbre, les pido a los presos que definan sus palabras.

—Bueno —comienza a decir uno—, condolencia es cuando la mamá de tu cuate muere y tú vas y le dices: "*Spensa,* siento mucho lo de tu madre".

Y no tarda en aparecer un voluntario que quiera definir la empatía.

—Bueno, la empatía es cuando la mamá de tu cuate muere y tú dices, "*Spensa* lo de tu madre. ¿Sabes qué? Mi mamá murió hace seis meses, lo siento, *dog*".

—Excelente —digo—. Ahora, ¿qué es la compasión?

Nadie dice nada.

Todos se retuercen y se miran las botas penitenciarias.

—Vamos —les digo—, ¿qué significa la compasión?

Su silencio es considerablemente sostenido, como visitantes que entran por vez primera a un templo sagrado y misterioso.

Finalmente, un preso curtido, que ya ha purgado veinticinco años, levanta su dedo de manera tentativa. Le animo a hablar con un gesto.

—Bueno —dice, mientras todos los ojos se fijan en él, y menea la cabeza—, la compasión... eso es algo completamente diferente.

Luego piensa en lo que dirá a continuación.

Compasión

—Porque —agrega humildemente—, eso fue lo que hizo Jesús. Es decir, Compasión... ES... Dios.

Dios es compasivo: es amabilidad bondadosa. Lo único que se nos pide hacer es vivir en el mundo que es Dios. Ciertamente, la compasión fue el empapelado del alma de Jesús, el contorno de su corazón, eso fue lo que él fue. Una vez oí a alguien decir: "Sólo asume que la respuesta a toda pregunta es la compasión".

Jesús se apartó de esto. La compasión no es una emoción ocasional y pasajera que sale a la superficie como el eros o la rabia. La compasión va a toda marcha. Los estudiosos de las Escrituras relacionan esta palabra con las entrañas, con la parte más profunda de un individuo. Fue así como se conmovió Jesús, desde la totalidad de su ser. Se "conmovió con piedad" cuando vio personas que parecían "ovejas sin un pastor". Él tenía espacio para todo el mundo en su compasión.

Desde los primeros días de nuestra oficina, además de miles de miembros de pandillas de las casi cuarenta que hay en las jurisdicciones de la División Policial Hollenbeck, nos visitaban innumerables chicos mientras se dirigían de la escuela a los proyectos. Yo había conocido a todos estos chicos y a sus familias durante mis años como párroco, así que ellos me visitaban cuando salían de la Escuela de la Calle Segunda y de la Escuela Media Hollenbeck. Se sentaban en el sofá en la sala de espera o jugaban videojuegos en los computadores. Eran esponjas secas y consumidas, esperando absorber una gota de atención adulta. Todos los miembros del personal adquirieron la costumbre de preguntarle diariamente a cada chico, "¿qué aprendiste hoy que no supieras antes?"

Ellos llegaron a temer esta pregunta, porque los obligaba a pensar.

—Búfalo: aprendí sobre el búfalo.

—Fracciones —dijo un estudiante de la escuela media.

—Aprendí a no molestar a las niñas.

—¿De veras? ¿Cómo aprendiste eso?

—Me abofetearon.

(Lo cual funciona).

Los recados eran un asunto de casi todos los días. Alguien del personal iba al Office Depot o a Smart & Final para comprar implementos de oficina, y los chicos de los proyectos corrían tras el auto del empleado. El más afortunado lograba viajar en el asiento del pasajero.

Un día, Betito, un chico pequeño de doce años, apoya su cabeza sobre sus puños frente a mi escritorio. Se ve triste y pregunta con melancolía:

—Oye, G, ¿vas a ir a algún lado?

—No, mijo —le digo.

Él parece llenarse de vida: —¿Puedo ir contigo?

El destino era, en apariencia, menos importante: lo que contaba era el "ir con".

Betito es un chico divertido, brillante y energético, que se llena de vida cuando entra a nuestra oficina de la Calle Primera. Se convierte en una persona habitual, y puedes tener la certeza de que viene después de la escuela para saludar a cada uno de los miembros del personal mientras pasa de un escritorio otro. El inglés no es su primera lengua, y aunque todos hablamos español, Betito se reta a sí mismo, insistiendo en hablar "sólo inglés". Betito siempre está tomando expresiones del inglés que escucha en la televisión. Un día entra, armado con un argot idiomático cortesía de un comercial de Pollo Loco.

—Oye, G, ¿sabes qué eres? —me dice con acento fuerte y vacilante—. *You da real deal.*

Y todo por un dólar con noventa y nueve centavos.

Betito y yo bromeamos.

—Oye, Beto; ¿sabes por qué ella dijo eso de ti?

—Porque tú eres *da real deal.*

Ambos tratamos de usar esta frase como respuesta a cada pregunta. *"The real deal".** Esto se convierte incluso en nuestro apodo mutuo. "Oye, qué onda, *Real Deal".*

Betito es precoz para su edad. Un día entra a mi oficina y permanece de pie frente a mi escritorio.

—Oye, G, ayúdame con veinte bolas, ¿sí?

Me quedo sorprendido por su total atrevimiento.

—¿Y para qué necesitas veinte dólares?

—Para llevar a mi chica al cine.

—¿A TU CHICA? —le digo sin fingir mi sorpresa—. ¿Cuántos años tienes?

—Doce.

—¿DOCE? ¿Y cuántos años tiene ella?

—Dieciséis.

—¿DIECISÉIS?

—Sí —dice él, calmándome con un apretón de manos—, pero no es muy alta.

—Ah… entonces aquí tienes tus veinte dólares.

Betito está jugando con su primo en Aliso Village un do-

---

*El verdadero negocio o trato (N. del T.)

mingo por la noche. No hay escuela al día siguiente —es un lunes feriado por un presidente o algo así—. Hay dos miembros de pandillas fumando frajos frente a un contenedor de escombros. Una furgoneta tipo van con dos pandilleros en el asiento de adelante se acerca a los proyectos y empiezan a disparar cuando ven a los dos fumando cigarrillos frente al contenedor. Una bala se aloja en uno de ellos, y cae. Todos corren; hombres, mujeres y niños saben que cuando comienzan los disparos, hay que correr, esquivarlos, esconderse detrás de un auto, o deslizarse entre los edificios. Hay que moverse, y Betito sabe esto. Sin embargo, y por alguna razón, se queda paralizado. Y como tarda en buscar un refugio, una bala muy grande le entra por un costado, arriba de la cintura, lo atraviesa, y sale por el otro lado.

El médico, un amigo mío, quien trataría a Betito, me dijo una semana después que era la bala de mayor calibre que había visto. La simple reverberación del proyectil al atravesar el cuerpo de Betito, lo dejó paralizado desde la cintura hacia abajo. Y la bala ni siquiera le tocó la columna vertebral.

Me informan y voy directo al hospital. La abuela de Betito y yo guardamos vigilia durante la noche, mientras el cirujano lo opera durante casi seis horas. Realmente no guardas vigilia; la vigilia te guarda a ti, suspendido en un silencio incómodo y en un aire muerto, desesperado para que algo fragüe algún rayo de esperanza en estas aguas turbias y hacer que todo sea vital de nuevo.

Betito sobrevive, pero dos horas después de la operación, veo por la ventana de su habitación en la sección de cuidados intensivos que un grupo de enfermeras y médicas entran apresurados y lo rodean. Le dan golpes en el pecho, suplicando y clamando para que su corazón no claudique. Finalmente, su corazón se vuelve mudo a las súplicas, y él muere.

Compasión

Betito era precoz, divertido, atrevido, y sólo tenía doce años. Era el *"real deal"*.

Si queremos vivir en el mundo que es Dios, entonces nuestra compasión tiene que encontrar de algún modo su camino a la vastedad. No debería descansar en los dos pandilleros a bordo de la van, apuntando aterradoramente con armas de gran calibre. Yo ciertamente no lo hice. Cuando fueron capturados y vi que los conocía, fue insoportable no odiarlos. Ovejas sin un pastor. Y no menos que el *"real deal"*. Pero a falta de que alguien les revelara la verdad, ellos habían evadido la sanación, y la tarea de regresar a ellos mismos se hizo más difícil y problemática. Pero, ¿son ellos dignos de una menor compasión que Betito?

Reconozco que el grado de dificultad que entraña esto es excesivamente alto. Chicos a los que amo matando a chicos a los que amo. No es nada fácil abrirles espacio a ambos en nuestra compasión. Recuerdo a una mujer entre el público, durante una plática que di en el condado de Orange, quien me atacaba entre preguntas y respuestas, pues realmente quería hacerme daño. Los asistentes tuvieron que contenerla y sacarla de allí. Su hija había sido incinerada por miembros de una pandilla, y para ella, yo representaba a los victimarios. Fue un momento aleccionador, que resaltó la precariedad de ser demasiado simplista en este tipo de situaciones. Algunas veces basta únicamente con reconocer la brecha tan amplia que todos pretendemos cruzar. Pero, ¿no es acaso la compasión más perfecta aquella que acoge tanto a la víctima como al victimario?

Dante habla de tener compasión por los malditos. No necesitamos sentir que somos complacientes con el crimen si vemos este tipo de compasión como su calibración más alta.

Jesús dice que no hay nada extraordinario en amar a quienes

nos aman. Él no sugiere que dejemos de amar a aquellos que nos aman cuando nos invita a amar a nuestros enemigos. Jesús tampoco cree que lo más difícil sea lo mejor; él sabe que es simplemente lo más difícil. Pero amar al enemigo y encontrar un espacio para el victimario, así como para la víctima, es algo que se asemeja más a la compasión expansiva de Dios. Y es por eso que hay que hacerlo.

Hay que vivir en el mundo que es Dios.

Esto es lo que buscamos: Una compasión que pueda permanecer asombrada frente a lo que tienen que soportar los pobres, en lugar de emitir juicios sobre la forma en que lo soportan.

A mediados de los años noventa, regreso a la oficina después de una reunión matinal en nuestra tienda, que está entre el Mitla Cantina y la tienda de muebles. Es casi mediodía. Estoy frente al escritorio de Michelle, la recepcionista, quien me entrega los mensajes. Los estoy revisando cuando alguien me da un golpecito en el hombro izquierdo. Es Looney, quien me da un gran abrazote.

—Oye, mijo —le digo—, ¿cuándo saliste?

Su sonrisa es más grande que él.

—Ayer.

Looney tiene quince años y pertenece a una pandilla localizada cerca de nuestra oficina. Es chaparrito, escasamente me llega al pecho, y acaba de ser liberado de uno de los veinticuatro campos probatorios que hay en el condado de Los Ángeles. Su sentencia era de sólo seis meses, pero fue su primera estadía en ese campo de detención. Había sido condenado a libertad condicional por escribir en las paredes, y su oficial lo sancionó cuando Looney dejó de ir a la escuela, y lo hizo arrestar.

Compasión

Emily, una de nuestras oficinistas, se le acerca sigilosamente a Michelle para celebrar la bienvenida, al estilo de los proyectos. Ella se da vuelta y Michelle conspira.

—Oye... Mira a Looney, ¡cómo está de aaaalllto!

Sus palabras parecen envolver a Michelle.

—Síííí —añade Michelle—. Está muy graaannddee.

—Ya es un hoooombre —dice Emily dando el toque final.

A Looney le encanta ser objeto de este tipo de atenciones y piensa que tal vez no habría estado tan mal pasar seis meses más en el campo.

Michelle y Emily se han propuesto olvidarse del chico gordo de antes y darle la bienvenida al Looney pródigo. Cuando llegan las cinco pizzas enormes, me entregan la cuenta, y no creo recordar que pertenezca a la narración del Evangelio.

Nos apretujamos en el pequeño sofá, en la sala de espera aun más diminuta, para comernos la pizza. Todo el personal de la oficina se une a nosotros. Looney está radiante y aturdido en medio de su torpeza, mirándonos a todos, tratando de medir nuestra felicidad tras su regreso. Escasamente puede creer que todo sea de semejante magnitud.

Estoy sentado en el brazo del sofá, comiéndome una porción, cuando Looney se me acerca y me susurra:

—G, ¿puedo hablar contigo... solos... en tu oficina?

Agarro la pizza y me siento detrás de mi escritorio. Él mueve una silla, demasiado lejana para su gusto, y la acerca. Extrae un sobre largo de su bolsillo lateral, y lo deja orgullosamente sobre mi escritorio.

—Mis notas —declara—, del campo.

Su voz ha pasado a una octava preadolescente de emoción, y yo me apresuro a celebrar con él.

—De veeeras —digo cuando saco las notas del sobre.

Looney endereza la espalda y salta un poco en la silla.

—Saqué A en todo.

—¿En seeriioo? —digo.

—Me la rallo —dice—, sólo Aes.

Recibo las notas como un niño que intenta abrir la envoltura de un regalo que abre completamente. Y claro, lo veo allí ante mis ojos: dos C; dos B; una A.

Y pienso, *estuviste cerca.* No es el mayor número de Aes que haya visto, pero decido no decirle que es un "reportero poco fidedigno".

—Guau, mijo —le digo—. Bien hecho.

Doblo cuidadosamente las notas y las pongo de nuevo en el sobre.

—Por todo lo que yo amo, mijo —le digo—, si fueras mi hijo, sería el hombre más orgulloso de este planeta.

En un abrir y cerrar de ojos, Looney se lleva el pulgar y el dedo índice a la cuenca del ojo, temblando y queriendo contener las lágrimas, que parecen inevitables en este punto. Looney está temblando como un niño sorprendido con las manos en la masa, y hace un esfuerzo desesperado para no llorar. Miro a este joven pequeño y sé que ha regresado a una situación que básicamente no ha cambiado. Sus padres están ausentes, o afectados por una enfermedad mental. El caos y la disfuncionalidad lo rodearán ahora igual que antes. Su abuela, una mujer buena, cuya labor consiste en criar a este niño, no está preparada para ello. Sé que un mes antes de este momento enterré al mejor amigo de Looney, asesinado en nuestras calles sin razón alguna. Así que me dejo llevar por mis instintos.

—Apuesto a que tienes miedo de haber salido, ¿verdad?

Compasión

Esto parece activar la tecla "Play" en los ductos de lágrimas de Looney, quien no tarda en apoyar sus brazos cruzados sobre mi escritorio y descansar su cabeza sollozante sobre ellos. Lo dejo llorar. Finalmente me acerco a él y pongo mi mano en su hombro.

—Vas a estar bien.

Looney se sienta con lo que parece ser una postura desafiante y procede a secarse las lágrimas.

—Yo... sólo... quiero... tener una vida.

Me conmueve la determinación con la que dice esto.

—Bueno, mijo —comento—, ¿quién te dijo que no vas a tener una? Recuerdo las cartas que me escribías desde el campo, hablándome de todos los dones y bondades que habías descubierto en ti; cosas que no sabías que estaban ahí. Mira, *dog*, sé que estás en un hueco oscuro y profundo, pero la neta, estás en un túnel. Y la naturaleza de los túneles es que si simplemente sigues caminando, la luz aparecerá. Confía en mí, puedo verla: Soy más alto que tú.

Looney se sorbe la nariz, asiente y parece escuchar.

—Vas a estar bien... después de todo —y le devuelvo las notas—, sólo Aes.

Si leen a Marcus Borg, un estudioso de las Escrituras, y buscan en el índice la palabra "pecador", encontrarán que significa "paria". Este era un grupo de personas que se sentían totalmente rechazadas. El mundo consideraba que eran vergonzosos e ignominiosos, y como he dicho antes, esta vergüenza tóxica fue llevada al interior y encontró un hogar en los parias.

La estrategia de Jesús es simple: Él come con ellos. Precisamente Jesús les dice a los que están paralizados con esta vergüenza tóxica, "Yo comeré con ustedes". Él va allí donde el amor no ha llegado aún, y come con ellos. Comer con los marginados hacía que fueran aceptables.

Hay pizza por todas partes: Looney ya está en casa.

Reconocer que todos somos totalmente aceptables es la verdad de Dios para nosotros, esperando a ser descubierta.

* * *

Pema Chodron, una mujer que se ordenó como monja budista, escribe sobre la compasión y sugiere que su verdadera medida descansa no en nuestro servicio a aquellos que están en el margen, sino en nuestra voluntad de vernos a nosotros mismos como hermanos de ellos. En 1987, la Iglesia Dolores Mission se declaró como un santuario para los indocumentados, después de la aprobación de la Ley de Control y Reforma a la Inmigración de 1986. Muy pronto, los indocumentados recién llegados de México y Centroamérica dormían todas las noches en la iglesia (en el Guadalupe Homeless Project) y las mujeres y los niños en el convento (Casa Miguel Pro).

No tardamos en ser objetos de una gran atención. Los medios de comunicación acudieron masivamente en aquellos primeros días. Como casi siempre sucede, la atención genera oposición. Me asustaba borrar los mensajes telefónicos del contestador, pues siempre nos dejaban mensajes llenos de odio y vagas amenazas de muerte (y otras que no lo eran tanto).

Una vez, mientras doblo la esquina frente a la iglesia para asistir a una reunión en los proyectos, me sorprende ver un mensaje pintado rústicamente con aerosol en las escalinatas frontales:

LA IGLESIA DE LOS MOJADOS

Compasión

El escalofrío que me produce este aviso me paraliza momentáneamente. En un instante, comienzas a dudar y a cuestionarte el valor de las cosas. Reconozco que todo es mucho mejor cuando no hay que pagar costos, y que prefiero ser levantado en hombros y aclamado, al desdén de los mensajes anónimos con pintura en aerosol.

Llego a la reunión y les cuento a las mujeres sobre el visitante hostil que hemos tenido.

—Tal vez le diré a uno de los cuates que lo borre después.

Petra Saldaña, una mujer generalmente callada, toma la iniciativa.

—No lo borres.

En ese momento, yo era nuevo en la parroquia y mi español era imperfecto. Entendí las palabras que ella dijo pero tenía dificultad para captar todo su significado.

—No lo borres. Si hay personas en nuestra comunidad que son menospreciadas, odiadas y marginadas porque son *mojados*... —Luego se sienta en el borde del sofá, prácticamente lista para ponerse en pie—. Entonces debemos sentirnos orgullosos de llamarnos una iglesia de espaldas mojadas.

Estas mujeres no sólo querían ayudar a los menos afortunados, sino que estaban ancladas en una profunda unidad con ellos, con quienes se fundían.

"Que tú puedas ser uno como el Padre y yo somos uno".

Jesús y Petra están a la misma altura en ese sentido. Ambos eligieron la unidad en la hermandad y la voluntad de vivir en el corazón de los demás. Jesús no fue un hombre *para* los demás. Fue uno *con* los demás. Hay todo un universo de diferencia en eso. Jesús no luchó por los derechos de los leprosos. Él *tocó* a los leprosos incluso antes de curarlos. Él no fue un abanderado de la causa de los marginados. Él fue un marginado. Él no luchó para mejorar las condiciones del prisionero. Él simplemente dijo, "yo estuve en prisión".

La estrategia de Jesús no se basa en adoptar la posición correcta, sino más bien en estar en el lugar correcto: con los marginados y los relegados a las márgenes.

Cuando los vagabundos comenzaron a dormir en la iglesia, siempre dejaron rastros de su presencia. El domingo por la mañana limpiábamos la iglesia lo mejor que podíamos. Lavábamos las alfombras con detergente y las aspirábamos hasta más no poder. Rociábamos popurrí y ambientador por toda la iglesia para combatir ese recordatorio persistente y penetrante de que casi cincuenta (y posteriormente cien) hombres habían pasado la noche allí. Casi la única vez que utilizábamos incienso era los domingos por la mañana, antes de que llegara la gente para la misa de las 7:30 a.m. Sin embargo, y por más que nos esforzáramos, el olor permanecía allí. Los feligreses empezaron a quejarse y hablaron incluso de asistir a otra iglesia.

Por esa misma época, un hombre que pasaba por la iglesia se detuvo para hablar conmigo. Era latino, tenía un lindo auto y llevaba un estilo de vida confortable. Sabía que yo era el párroco. Recordó con nostalgia su infancia en los proyectos, señaló la iglesia y dijo que había sido bautizado y recibido la primera comunión en ella.

Luego observa todo el panorama. Los miembros de las pandillas están reunidos en la torre del campanario, la multitud de hombres y mujeres sin hogar es alimentada en el estacionamiento. Llegan los asistentes a las reuniones de Alcohólicos Anónimos, Narcóticos Anónimos, y a las clases de inglés como segunda lengua (ESL).

Compasión

Es una especie de "Quién es Quién" de Todos los que Eran un Don Nadie. El miembro de una pandilla, el drogadicto, el vagabundo, el indocumentado. Éste hombre ve todo esto, y niega con la cabeza, resuelto y disgustado.

—¿Sabes algo? —dice—, esto *era* una iglesia.

Yo asumo mi posición y le digo: —¿Sabes algo? La mayoría de las personas de aquí piensan que *finalmente* es una iglesia.

Luego me adentro en el atardecer.

Sin palabras.

El olor nunca fue abrumador; simplemente innegable. Los jesuitas creyeron que si "no podíamos solucionarlo, entonces haríamos uso de él". Así que un domingo decidimos abordar el descontento en nuestras homilías, las cuales solían ser dialógicas en aquellos días, así que una vez comencé diciendo, "¿A qué huele la iglesia?"

Los feligreses se sienten mortificados, dejan de hacer contacto visual, y las mujeres hurgan en sus carteras sin saber qué buscar.

—Huele a patas —comenta Don Rafael, un anciano a quien le tenía sin cuidado la opinión ajena.

—Excelente. Pero, ¿por qué huele a pies?

—¿Porque muchos vagabundos durmieron anoche aquí? —dice una mujer.

—¿Y por qué permitimos eso?

—Es nuestro compromiso —dice otra mujer.

—¿Y por qué habría alguien de comprometerse a hacer eso?

—Porque es lo que haría Jesús.

—Bueno, entonces… ¿a qué huele la iglesia ahora?

Un hombre se pone de pie y dice en voz alta:

—Huele a nuestro compromiso.

Todos los asistentes aplauden.

Guadalupe agita frenéticamente sus brazos: —Huele a rosas.

La iglesia abarrotada estalla en carcajadas y en una nueva hermandad que acoge el olor de alguien como el suyo propio. La hediondez de la iglesia no ha cambiado, sino sólo la forma en que la ven las personas. Los feligreses de Dolores Mission lograron personificar la proclama de Wendel Berry: "Hay que ser capaces de imaginar vidas que no son las tuyas".

Los estudiosos de las Escrituras sostienen que el lenguaje original de las Beatitudes no debería interpretarse como "benditos sean los sinceros y dedicados", "benditos sean los abanderados de la paz" ni "benditos sean aquellos que luchan por la justicia". Una traducción más precisa diría, "estás en el lugar adecuado si... eres sincero y dedicado o trabajas por la paz". Las Beatitudes no son, después de todo, una espiritualidad, sino una geografía, pues nos dicen en dónde debemos estar.

La compasión no sólo consiste en sentir el dolor de los demás, sino también en llevarlos hacia ti. Si amamos lo que Dios ama, entonces las márgenes serán borradas por la compasión. "Sé compasivo al igual que Dios", es algo que supone el desmantelamiento de las barreras excluyentes.

En las Escrituras, Jesús está en una casa tan abarrotada que ya nadie es capaz de entrar por la puerta. Entonces la gente abre el techo y bajan al paralítico para que Él pueda curarlo. El tema de la historia es, comprensiblemente, la salvación del paralítico. Pero hay otra cosa más significativa que sucede aquí: están quitando el techo, y dejan entrar a los que están afuera.

* * *

Compasión

Conocí a Antonio a través de Mary Ridgway, una *probation offi-cer* legendaria.

—Ayuda a este chico —me pide por teléfono.

Mary me dijo dónde podría localizarlo, pues su última dirección conocida era su auto, que había dejado abandonado en la calle Michigan.

Anthony fue abandonado a su propia suerte cuando tenía diecinueve años. Sus padres habían desaparecido hacía mucho tiempo en una nube de heroína y de penas carcelarias, y él se buscaba la vida vendiendo una ampolleta ocasional de PCP para comprarse hamburguesas en McDonald's, y de vez en cuando, un sándwich de Jim's. Era un chico bajito, y su voz tenía un timbre alto, lastimero y delgado. Si cerrabas los ojos, pensarías que estabas "conversando" (como dicen los cuates), con un niño de doce años.

Un día, los dos estamos recostados en su ranfla destartalada, y nuestra conversación pasa al tema de "¿qué quieres hacer cuando seas grande?"

—Quiero ser mecánico. No sé nada de coches, pero me gustaría aprender.

Dennis, mi mecánico en Brooklyn Avenue, era una especie de leyenda en el barrio. Podía arreglar cualquier auto. Éste hombre alto, de origen japonés y americano, tan delgado como una vara, y casi de sesenta años, fumaba un cigarrillo tras otro. No era un hombre de pocas palabras: Era un hombre sin palabras. Simplemente fumaba. Tú le llevabas el auto, le decías que tenía un ruido debajo del capó, le entregabas las llaves y él permanecía con un cigarrillo colgando de los labios.

Tomaba las llaves, y cuando regresabas al día siguiente, te entregaba el auto funcionando como debía ser. No intercambiaba una sola palabra durante este procedimiento.

Un buen día fui a exponerle mi caso.

—Mira, Dennis —le digo, sentándome en su pequeña oficina, que realmente era un cuarto lleno de humo—. Contrata a este chico, Anthony. Es cierto que no sabe nada de coches, pero tiene muchos deseos y creo que puede aprender.

Dennis se limita a mirarme, asintiendo ligeramente, con un pedazo largo de ceniza suspendido de su frajo, decidiendo si saltar o no al abismo. Yo redoblo mis esfuerzos y le digo a Dennis que no será simplemente un empleo para un cuate, sino que tendrá un efecto replicatorio de paz en todo el vecindario. Prolongadas ráfagas de silencio y una mirada pétrea. Saco mi pala, mi bastón y mi sombrero. El Premio Nobel de la Paz alterará el curso de la historia y transformará el mundo tal como lo conocemos. Pero nada. Dennis se limita a llenar sus pulmones de humo, mientras yo lleno el aire de súplicas serias. Finalmente, me rindo y me callo. Me he esforzado al máximo y estoy a punto de dar por terminado el día. Dennis aspira una última y larga bocanada de su cigarrillo y la lanza en el aire, y el humo permanece flotando frente a su cara, nublando mi visión. Una vez que desaparece todo rastro de humo, me mira y esto es lo único que dice ese día:

—Le enseñaré todo lo que sé.

Anthony se convirtió en un mecánico, y me informaba periódicamente.

—Hoy aprendí a hacer una lubricación.

—Reparé un carburador solo.

Un día me regala una fotografía. Allí está Anthony, con

Compasión

una amplia sonrisa, su cara manchada de grasa, el nombre ANTHONY orgullosamente bordado en el pecho de su camisa de trabajo. No hay duda, mirar este rostro es constatar que su propietario es un hombre transformado. Pero al lado suyo en la foto, con un brazo alrededor de Anthony, aparece Dennis, un hombre igualmente transformado. Y todo porque un día, él decidió quitar el techo y estar en el mundo que es Dios. Se les permitió entrar a los que estaban afuera.

La compasión no es una relación entre el sanador y el herido. Es un pacto entre iguales. Al Sharpton siempre ha dicho, "todos fuimos creados iguales, pero no todos terminamos igual".

La compasión consiste siempre, en su manifestación más auténtica, en una transformación que va del mundo estrecho de las preocupaciones propias, a un lugar más expansivo de compañerismo, de una verdadera hermandad.

Llevo a Julián y a Mateo conmigo para dar una plática en Helena, Montana. Ambos se han criado básicamente en instalaciones de la Autoridad Juvenil, un lugar donde no debieron estar. Ambos tienen diecinueve años, pertenecen a pandillas diferentes y se han perdido de muchas cosas de la vida por haber estado en prisión durante los últimos cuatro o cinco años. Al igual que a casi todos los cuates, a ellos dos les da miedo volar en avión. Se agarran como dos viejitas, persignándose incesantemente cuando el avión despega. Y cuando estamos volando alto, se emocionan con la visión panorámica que tienen, semejante a la de Dios.

Hay nieve por todas partes cuando aterrizamos.

—Sólo tengo una meta en este viaje —dice Julián—. Y es darle en el trasero con una bola de nieve —señalando a Mateo.

Esta meta fue cumplida con creces durante nuestros tres días en Montana. Montaron en trineos de plástico y, una tarde, vivieron toda una infancia que anteriormente les había sido negada.

Antes de nuestra plática en la universidad, somos entrevistados por el periódico local y nos toman fotos. Julián y Mateo hablan de forma conmovedora después de mi plática y reciben una cerrada ovación. El numeroso público siente mucho honor y reverencia por lo que han tenido que padecer estos dos chicos abandonados.

Luego se celebra una misa, y para mi gran bochorno, el capellán de la universidad termina la liturgia invitando a la congregación a acercarse a nosotros y a poner sus manos sobre mí para curarme la leucemia. Pero esto, como dicen ellos, no es mi "taza de té". Permanezco mortificado y de pie, mientras los asistentes se acercan uno a uno. Generalmente se limitan a posar sus manos sobre mí en silencio. Algunos dicen cosas, una bendición o plegaria. Mateo se acerca. Mi cabeza está inclinada y mis ojos cerrados. Me hace una llave en el cuello con sus brazos y sacude y aprieta mi cabeza con todas sus fuerzas. Se me acerca al oído y casi no puede hablar debido al llanto.

—Lo único que sé —me susurra, enunciando con especial cuidado—, es que… yo te amo… tan… *fuckin'*… tanto.

Y ahora el que llora soy yo.

(Al día siguiente me dice, "*Spensa* por esa bendición que te di. No sé cómo hacerlo". Yo le aseguré que había sido la mejor de todas).

Un día después emprendemos nuestro regreso a Los Ángeles. Esa mañana, en la primera página del periódico de Helena, justo arriba del pliegue, hay una fotografía a color de cuatro co-

Compasión

lumnas de ancho, donde aparecemos los tres, en medio del frío, con nuestras gorras y chaquetas de Homeboy.

Los cuates no pueden creerlo, y toman numerosos ejemplares del periódico. Las personas saludan a Mateo y a Julián como celebridades en el hotel, en el restaurante, en el aeropuerto. La gente los detiene, les da la mano y los felicita. Los agentes de seguridad del aeropuerto suspenden sus actividades para ir a saludarlos.

—Los admiramos mucho.

—Felicitaciones por el valor que tienen.

Las azafatas arman todo un alboroto con "las celebridades a bordo" mientras nos sentamos en nuestros asientos, en la parte posterior del pequeño aeroplano. Mateo y Julián se sientan juntos, y yo al otro lado del pasillo. A mitad del trayecto, miro y veo a Julián en el asiento de la ventana, profundamente dormido, su cabeza reclinada en el hombro de Mateo, quien está llorando.

—¿Qué pasa, mijo?

El periódico de Montana descansa en su regazo.

—Leí de nuevo este artículo. —No puede hablar por un segundo y se lleva silenciosamente la mano al corazón—. No sé... realmente me conmueve. Me hace sentir que soy alguien. —Y llora más copiosamente.

Me acerco a él y le susurro: —Bueno, eso es porque tú *eres* alguien.

Mateo y Julián nunca antes habían estado "adentro". Ahora

85

se ha forjado un nuevo lugar de hermandad, un techo en Montana ha sido abierto, y se les ha permitido entrar a los que estaban afuera. Hay un sentido palpable y completamente nuevo de solidaridad entre iguales, una comunidad amada. Esto es siempre el fruto de la verdadera compasión.

Thomas Merton tiene su epifanía en la esquina de la calle Sexta con Walnut, en Lexington, Kentucky. "De un momento a otro me sentí abrumado por la comprensión de que amaba a todas esas personas, de que ellas eran mías y yo de ellas".

Lo que finalmente conmueve a Mateo es la verdad de que todos estamos estrechamente vinculados, disolviendo el mito de que estamos separados.

* * *

La primera boda que celebré fue en Cochabamba, Bolivia. Se trataba de una humilde pareja quechua, y la misa tuvo lugar en la iglesia jesuita principal en el centro de la ciudad. No estaba acompañado únicamente por indios quechuas con sus ropas más bonitas, sino también por las cholas quechuas, con sus faldas en bombas y chales de colores fuertes, con pequeños sombreros de hongo inclinados sobre sus cabellos azabaches. Los hombres con trajes y corbatas blancas, infinitamente anchas y almidonadas, estirando sus cuellos de una forma que no parece nada natural. Llega el momento de la comunión y me acerco a la pareja.

Ellos se niegan a recibir la comunión. Yo les suplico, pero ellos no ceden. Le hablo a la congregación y los invito a recibir la comunión. Nadie se acerca. Les ruego, les suplico, pero nadie viene. Posteriormente descubro con la ayuda de algunos estudiosos jesuitas que el sentido de alienación cultural de los

Compasión

indígenas y la vergüenza tóxica es total. Desde la época de la Conquista, cuando los españoles "convirtieron" a los indios, los bautizaron, pero no retiraron ningún techo. Y éste habría de ser su lugar para siempre: por fuera de la comunión.

Tal vez podamos decir que esto es lo opuesto a Dios.

* * *

Di charlas en tres estados en compañía de Memo y Miguel, dos cuates mayores y rivales, para que me ayudaran. Estuvimos en Atlanta, Washington, y finalmente en el Spring Hill College, en Mobile, Alabama. Después de nuestra última plática allí, nos reunimos con un hombre llamado John, quien nos habla de su ministerio en Pritchard, Alabama y nos invita a visitar su comunidad. Tardamos dos horas en llegar y caminar alrededor de lo que creo que es el lugar más pobre que he visto en los Estados Unidos. Casuchas y chozas incineradas y una gran cantidad de personas viviendo donde las personas no deberían vivir.

Memo y Miguel están completamente asombrados mientras caminan, conocen gente y ven un tipo de pobreza muy diferente al suyo.

Regresamos a la casa donde estamos hospedados, y tenemos media hora para empacar antes de salir para el aeropuerto y regresar a casa. Miro, y veo a Memo llorando en la puerta. Es un hombre muy grande, el que daba las órdenes en su barrio, y ha hecho cosas adentro y afuera de la prisión de las que siente una gran vergüenza: Ha hecho mucho daño. La profundidad de su herida esencial es muy dura de llevar. Tortura, traición inusitada, abandono escalofriante: Hay poco terror con el que Memo no esté familiarizado.

Está sollozando bajo el umbral de la puerta, y le pregunto qué le sucede.

—Esa visita, a Pritchard, no sé por qué, pero me conmovió. Se me metió adentro. Es decir (y está llorando bastante), ¿por qué permitimos que la gente viva así?

Hace una pausa y luego dice: —G, no sé qué me está pasando, pero es algo grande. Es como si por primera vez en mi vida, sintiera... no sé cómo decirlo... es como si sintiera compasión por el sufrimiento de otras personas.

Un marginado. Víctima y victimario. Oveja sin pastor. Memo descubre su herida esencial y la une a la herida esencial de Pritchard. Sus entrañas e intestinos —el lugar más profundo de Memo— sienten y encuentran una solidaridad en la herida más descarnada de otros. La compasión es Dios. El dolor de los demás tiene una influencia en su vida. Memo habría de regresar muchas veces a Pritchard, en compañía de otros cuates. Una venerable comunidad de iguales se ha entablado y forjado allí, y los techos siguen siendo retirados. Muy pronto, no habrá nadie afuera.

4

Agua, aceite, llama

Supongo que el número de cuates que he bautizado con el paso de las décadas asciende a miles. Los miembros de las pandillas se encuentran detenidos y haciendo cosas que sus padres no planearon para ellos. Siempre me visitan en Homeboy Industries, en las calles o en la cárcel, y me dicen, "Oye, ¿recuerdas que tú me bautizaste?"

El bautismo puede ser un despertar para un cuate, como el acto de despejar un nuevo camino. Puedes decir que es la declaración, por parte del miembro de la pandilla, de que de allí en adelante, la vida será diferente debido a este pronunciamiento y a sus símbolos. En consecuencia, el momento del bautismo está cargado de trascendencia y de valor.

Un día, en la cárcel de jóvenes, me presentan a un chico al que voy a bautizar. No lo conozco, pero él sabe quién soy yo. Tiene los ojos pequeños, asustados, y se balancea de arriba abajo. Le extiendo mi mano.

—Estoy orgulloso de poder bautizarte.

Él la aprieta un poco y no me la suelta ni aparta sus ojos de mí.

—Lo mismo digo —responde.

Siempre les digo a quienes voy a bautizar que realmente tienen que hacer muy poco, y que me dejen la carga pesada a mí.

Le digo esto a un cuate antes de bautizarlo en un campo probatorio, "Lo único que tienes que decir es tu nombre cuando yo te lo pregunte. Luego te preguntaré, '¿qué le pides a la Iglesia de Dios?' Y tú simplemente responderás: 'el bautismo'".

Cuando comienza el ritual noto que este chico está en problemas. Parece a punto de darle un soponcio, y sus constantes sacudidas sugieren que no fue al baño antes.

—¿Cómo te llamas? —le pregunto, y él se me acerca.

—JOSÉ LÓPEZ.

—¿Y qué le pides a la iglesia de Dios, José?

Permanece erguido, y quiere dar una buena respuesta con todo su ser:

—QUIERO SER UN BAUTISTA.

Le sugiero que vaya a los servicios protestantes que se celebran al otro lado del salón.

En otra ocasión, me dispongo a bautizar a un chico en un campo probatorio, y le pido que incline su cabeza sobre una enorme palangana de agua. Me mira sorprendido y me pregunta en voz alta:

—¿Me vas a MOJAR?

—Ah, sí… creo que esa es la idea.

Un sábado de 1996 me dispongo a bautizar a George en el Campo Munz. Él se ha negado a recibir ese sacramento de otros sacerdotes porque sólo lo quiere hacer conmigo. También quiere programar el evento después de su exitosa aprobación del examen del GED. Lo ve como una celebración por partida doble. Conozco a George, quien tiene diecisiete años, y a Cisco, su hermano de diecinueve años. Ambos son miembros de una pandilla de los proyectos, pero realmente he conocido a George durante los nueve meses que lleva en este campo. Lo he visto pasar gradualmente de ser un hombre con una actitud endurecida a ser un hombre en posesión de sí mismo y consciente de sus talentos. Fuera del entorno que lo mantiene inquieto y agitado, no es de extrañar que comience a prosperar en el Campo Munz. Ahora está casi irreconocible. El vato duro con pose de pandillero se ha metamorfoseado en un hombre serio y controlado, consciente de los dones y talentos previamente oscurecidos por las exigencias irracionales de su vida en la pandilla.

El viernes por la noche, antes del bautismo de George, su hermano Cisco se dirige a su casa antes de la medianoche, cuando la calma se hace añicos, como sucede con tanta frecuencia en este vecindario debido a los disparos. Algunos rivales llegan y abren fuego, y Cisco cae en medio de la calle St. Louis, a media cuadra de su apartamento. Su novia Annel, quien espera a su primer hijo y tiene casi ocho meses de embarazo, sale corriendo. Carga a Cisco en su regazo, meciéndolo como para dormirlo, y sus gritos están en sincronía con cada uno de sus movimientos. Continúa así hasta que los paramédicos le arrebatan a Cisco de los brazos.

Duermo poco esa noche. Pienso en cancelar la misa que tengo al día siguiente por la mañana en Campo Munz para acompañar a la familia de Cisco. Pero me acuerdo del bautismo de George.

Cuando llego antes de la misa, todas las sillas están vacías en el comedor, y veo a George sosteniendo su nuevo certificado del GED. Él se dirige hacia mí, agitando su diploma con una sonrisa radiante. Nos abrazamos. Lleva puesta una camisa prestada, planchada y blanca, una corbata negra y delgada, y los pantalones camuflados de color verde y marrón que les dan a los reclusos. Yo estoy desvelado, completamente cansado, pero tratando de compartir mi entusiasmo con George.

Al comienzo de la misa, con el comedor abarrotado, le pregunto:

—¿Cómo te llamas?

—George Martínez —dice, con un derroche de confianza.

—Y, George, ¿qué le pides a la Iglesia de Dios?

—El bautismo —dice con una sonrisa firme y escasamente contenida.

Es el bautismo más difícil de mi vida, pues cuando derramo agua en su cabeza y le digo: "Padre... Hijo... Espíritu Santo", sé que tendré que salir con él para decirle lo que ha sucedido.

Paso mi brazo por su espalda y solamente cuando salimos al campo de béisbol, le susurro, "George, tu hermano Cisco fue asesinado anoche".

Puedo sentir que el aire abandona su cuerpo mientras suspira e inmediatamente aflora el llanto. Nos sentamos en un banco. Su cara busca refugio en sus palmas abiertas, y solloza en silencio. Lo más notable es lo que no está presente en su forma de moverse y de llorar suavemente. He estado muchas veces en esta situación. Siempre se agitan, se enfurecen y prometen venganza. Pero no hay nada de esto en George. Es como si el compromiso que ha tenido con el agua, el aceite y la llama, se hubieran arraigado firmemente y su dolor es puro y verdadero y se asemeja más a los sufrimientos de Dios. George parece sumi-

Agua, aceite, llama

nistrar pruebas de la eficacia de eso que llamamos sacramento, y logra contener toda la complejidad de su gran tristeza, justamente allí, en ese banco, en medio de su llanto tierno. Anteriormente, yo le había pedido durante el sacramento del bautismo, y después de definir los límites de la fe y del compromiso, "vivir como si esta verdad fuera cierta", "¿realmente entiendes lo que estás haciendo?", le había preguntado yo.

Y él hace una pausa, y se estremece mientras congrega a su ser y a su alma y dice, "Sí, lo sé".

Y efectivamente, lo hace. En la tradición monástica, la forma más elevada de la santidad es vivir en el infierno y no perder la esperanza. George se aferra a esta esperanza y a su fe, y a su diploma del GED, y decide avanzar con fortaleza hacia su futuro.

¿Qué es lo que estimula la capacidad de recuperación? En parte, es el adulto amoroso y cuidadoso que presta atención. Es la comunidad del amor incondicional, representando aquello de "no importa qué" de Dios. Dicen que un preso educado no suele reincidir. Esto no se debe a que una educación garantice que este individuo será contratado en algún lugar, sino porque su visión es más amplia y más educada, de modo que puede ser rechazado en noventa y tres entrevistas de trabajo sin claudicar. Él ha adquirido algo que se llama resistencia.

Algunas veces la resistencia llega en el momento en que descubres tu propia unidad inquebrantable. El poeta Galway Kinnell dice, "algunas veces es necesario reenseñarle a una cosa su belleza".

Y cuando esto sucede, comenzamos a fomentar la ternura en nuestro propio predicamento humano. Un corazón espacioso e indefenso encuentra espacio para todo lo que eres, y les abre espacio a todos los demás.

Tatuajes en el corazón

* * *

Yo tuve un cuate de veintitrés años llamado Miguel, quien trabajó en mi cuadrilla de grafitis. Así como a muchos de nuestros trabajadores, lo había conocido varios años atrás en un centro de detención. Era un chico extremadamente amable, y lo más notable era que su familia lo había abandonado por completo. Y antes de hacerlo, lo habían maltratado, abusado y causado un gran número de cicatrices. Me llama un día de Año Nuevo y me dice:

—Feliz Año Nuevo, G.

—Oye, eso es muy amable de tu parte, *dog* —le respondo—. ¿Sabes algo, Miguel? Estaba pensando en ti, ya sabes, en la Navidad. ¿Qué hiciste? —le pregunto sabiendo que no tenía ninguna familia que lo acogiera.

—Ah, tú sabes, simplemente estuve aquí —en referencia al pequeño apartamento en el que vive solo.

—¿Y estuviste solo? —le pregunto.

—No —responde con rapidez—, invité a cuates de la cuadrilla, a vatos como yo que no tenían ningún lugar adónde ir en la Navidad.

Me dice el nombre de cinco cuates que fueron, todos ellos, antiguos enemigos de pandillas rivales.

—¿En serio? —le digo—, eso fue muy amable de tu parte.

Me ha dejado intrigado y curioso: —¿Y qué hiciste?

—Bueno —dice él—, no vas a creerlo... pero... preparé un pavo.

Puedo sentir su orgullo a través del teléfono.

—Guau, ¿en serio? ¿Y cómo lo preparaste?

—Tú sabes —dice—, al estilo gueto.

Le digo que no conozco esa receta.

94

Agua, aceite, llama

Él se alegra mucho en darme su secreto.

—Pues bien, le untas un poco de mantequilla de pandillas, le echas un puñado de sal y pimienta, exprimes un par de limones y lo metes al horno. Sabía decente.

Yo le digo: —Guau; es admirable. ¿Y qué más preparaste además del pavo?

—Sólo eso. Sólo el pavo —dice él. Su voz termina siendo un susurro—. Sí. Los seis simplemente nos sentamos a mirar el horno, esperando a que el pavo estuviera listo.

Uno difícilmente imaginaría algo más sagrado y al mismo tiempo ordinario que estos seis huérfanos mirando un horno. Allí, en ese momento, en esa humilde y santa cocina, están contenidas todas las leyes y los profetas.

No mucho tiempo después, llevé a Miguel a su casa después del trabajo. Desde hacía mucho tiempo tenía curiosidad por el origen de su resistencia tan peculiar. Cuando llegamos a su apartamento, le digo:

—¿Puedo hacerte una pregunta? ¿Cómo lo haces? Es decir, después de todo por lo que has pasado; de todo el dolor y de lo que has sufrido, ¿por qué eres cómo eres?

Realmente quería saberlo, y Miguel ya tenía lista la respuesta.

—Ya sabes, siempre sospeché que había algo de bondad en mí, pero simplemente no podía encontrarla. Hasta que un día —baja ligeramente la voz—, un día la descubrí aquí, en mi corazón. Encontré... la bondad. Y desde ese día, siempre he sabido quién soy. —Hace una pausa, sorprendido por su propia verdad (reenseñando la belleza), se da vuelta y me mira—. Y ahora nada puede tocarme.

Un poeta dice, "alguien llena la taza frente a nosotros, y sólo probamos la sacralidad". Y el mundo puede lanzarnos lo que quiera, pero nosotros nos aferramos a nuestra propia sacralidad, y nada puede tocarnos. Pero como dije anteriormente, hay una ausencia letal de esperanza en el miembro de una pandilla. No se logra esbozar la imagen necesaria que pueda catapultarte hacia tu futuro. De hecho, los miembros de las pandillas conforman un club exclusivo de personas jóvenes que planean su funeral y no su futuro.

A finales de los años ochenta organizamos un baile en el salón de la parroquia para gente joven (aunque pronto la intensidad de las luchas entre pandillas hizo que estos bailes fueran cosa del pasado).

Una cuata de dieciséis años llamada Terry, una belleza natural y el objeto de los deseos de todos los cuates, lleva puesto un magnífico vestido corto de color rojo brillante. Me saluda en la puerta, donde hago las veces de guardia de seguridad. Ella está radiante, y ha dejado en su casa la dureza que suele mostrar en las calles. Le digo lo guapísima que está.

—Prométeme algo, G —me dice, reconfortada y alegre por los elogios que recibe—. Prométeme que seré enterrada con este vestido.

Me imagino de inmediato la ridícula foto de una anciana descansando en su ataúd con un vestido como ese. Pero Terry no se imagina a esa anciana.

Otra cuata tan joven como ella entra un día a mi oficina y me dice que está embarazada. Supongo que mi cara expresó, tal vez con demasiada claridad, que el alma se me cayó a los pies. Antes de que pueda hablar, ella levanta la mano, como para impedir las palabras.

—Sólo quiero tener un niño antes de morir.

Y yo pienso, *¿cómo puede pensar una niña de dieciséis años que* *no llegará a los dieciocho?* Es una de las explicaciones para la explosión de embarazos juveniles en el barrio. Si no crees que estarás vivo a los dieciocho años, entonces acelerarás todo el proceso, y serás una madre mucho antes de estar preparada.

En los primeros días, cuando la violencia de pandillas me hizo enterrar más jóvenes que ancianos, yo aislaba con frecuencia al chico que acababa de ver a su compañero muerto en el ataúd. Tal vez estuviera solo, llorando y evitando a sus camaradas. Me pregunto si puedo intercambiar unas palabras con él para disuadirlo de su firme promesa de venganza. Tal vez este es el momento vulnerable, una ventana que se me abre. Yo casi siempre diría algo como, "Nunca quisiera verte en un ataúd a los dieciséis años", o a la edad que tenga el chico. Cuando dije esto por primera vez, siempre esperé la misma respuesta. "Sí; ya somos dos. No quiero morir". Lo que inicialmente era sorprendente se hizo predecible a medida que enterré a más chicos. Pero este joven vulnerable siempre decía lo mismo, con pocas variaciones: "¿Por qué no? Algún día te tienes que morir". Éste es el lenguaje de los abatidos, para quienes tanto la esperanza como la propia sacralidad son completamente extrañas.

Siempre siento curiosidad por la presencia (o por la ausencia) de padres en las vidas de los cuates. En el alma de casi todo hogar que conozco hay un hueco que tiene la forma del padre. Homeboy Industries siempre está tratando de crear el momento que los psicólogos definen como "el sostenimiento de ese primer vínculo". Es una oferta (mejor tarde que nunca) de ese vínculo entre padre e hijo, diciéndoles a los huérfanos que son dignos de amor.

Los japoneses hablan de un concepto llamado *amae,* de vivir con un profundo sentido de ser valorado, y de criar a los hijos con amor. Yo le pregunté a David, uno de mis trabajadores, sobre su padre. David había salido de prisión recientemente, todavía estaba en libertad condicional, y estaba limpiando mi oficina después de asistir a la escuela, pues trabajaba medio tiempo con nosotros.

—Ah —dice él con monotonía, acostumbrado como estaba a responder esta pregunta—, él nos abandonó.

Entonces hace a un lado el tono impersonal de su voz, en su afán por ir a un lugar más profundo y más auténtico que el anterior.

—De hecho, el día que decidió abandonarnos fue cuando cumplí seis años. —Hay una muerte detrás de sus ojos que no puede ocultar—. Tenía pastel y todo, pero no dejé que nadie lo partiera. Esperé a que mi jefesito llegara a casa. Esperé y esperé. Anocheció y se hizo tarde, y él nunca llegó.

Hace una pausa y creo que va a llorar, pero sólo hay una sequedad y una furia que, si se midiera, la aguja llegaría hasta el extremo.

—Lloré hasta los nueve años.

Espero que suceda algún desmoronamiento emocional, pero nada.

—Ya no lloro más. Simplemente lo odio.

El gran encuentro con la herida del padre es la tarea de cada cuate.

—Cuando yo tenía diez años, me encontré con mi papá y tenía una aguja en el brazo. Estaba completamente en las nubes. Me miró y me dijo, "Mira bien. Así serás tú algún día".

Otro dice: —Mi papá nos jodió. Es decir, realmente… nos jodió. Ya sabes; si no le masajeábamos los pies o le traíamos su billetera lo suficientemente rápido. Un día decidí, 'no quiero ser como él'.

Agua, aceite, llama

Y otro más: —Quisiera no haber conocido nunca su nombre, quisiera no haber visto nunca su cara.

Hay una herida en la que debemos ahondar antes de que "ese primer vínculo" pueda alojarse en otro lugar.

* * *

Natalie vino a trabajar a nuestra organización después de mantener correspondencia frecuente conmigo durante los años que estuvo presa. Durante programas de empleo, salones juveniles, campos probatorios, y la cárcel, ella siempre me informó dónde estaba, y nunca la vi "afuera", hasta que finalmente entró por mi puerta. Natalie había huido de su casa, era miembro de una pandilla, consumidora habitual de drogas, y tenía dos hijos a quienes no había criado.

En una ocasión, mientras caminaba con un grupo de jóvenes por la Universidad Pepperdine, Natalie señaló emocionada en dirección a la playa.

—Ah; miren allá: estuve en un campo de verano en ese lugar. Sí, era un campo para jóvenes malos.

Sus padres estuvieron presentes y ausentes en su vida, pero básicamente fuera de ella desde que todos habían llegado de Cuba.

—Sí, llegamos en el éxodo del Mariel. Ya sabes, cuando Castro envió a toda esa gente mala aquí.

Su experiencia laboral en nuestra compañía había estado interrumpida por momentos de encarcelamiento, suspensiones por consumir drogas, e incluso un puñado de terminaciones de contratos por pelear. Hubo incluso un momento en que le pedí que no volviera a la oficina, pues siempre estaba buscando pelea.

Era más fácil recibir su llamada telefónica y encontrarme con ella en el Jim Burger's de enfrente. Era de armas tomar, para decir lo menos. Era una de las incontables chicas con esa actitud de "¿y qué si...?" ¿Y qué si realmente hubiera tenido padres? ¿Qué tal si hubiera recibido amor y tanta atención como necesita un niño? ¿Qué tal si hubiera tenido un lugar confortable en donde descansar su cabeza?

Yo estaba de viaje, en un lugar que tenía otro huso horario, dando una charla, y tuve un sueño muy vívido con Natalie. Supe que tenía que localizarla antes de viajar, cuando estaba en el vestíbulo de un hotel.

La llamé a su teléfono celular.

—Hola, chica, anoche soñé contigo.

—Ah, no —dice con voz llena de miedo—, ¿fue malo?

(Todos los cuates creen que los sueños son augurios y predicciones de cosas malas que están por llegar).

—No, no —la tranquilizo—, era un sueño firme.

Le digo que, en el sueño, yo estoy en un club pequeño, semejante a aquellos donde presentan comedias, con mesas pequeñas, un escenario, y un micrófono. El presentador se acerca al micrófono y pide silencio. "Damas y caballeros, esta noche les cantará la señorita Natalie Urrutia".

Las aclamaciones son espontáneas y nutridas. El público me mira por alguna razón. "¿Qué chingado está pasando?", me preguntan. "No sabe cantar ni mierda: detenla".

Me encojo de hombros y permanezco en silencio. Recuerdo que me puse nervioso por ella, pero no intervengo. La luz principal ilumina a una Natalie despampanante mientras se dirige hacia el micrófono. Es pequeña y de tez clara. Lleva un vestido largo, ajustado, brillante y engastado con piedras preciosas. No parece tener el menor rastro de seguridad en sí misma, y el público no tarda en arrojarle objetos, mientras le gritan y le lanzan improperios. La música comienza a sonar.

—Y tú comienzas a cantar, y es la música más hermosa que he escuchado en mi vida. Todos se callan de inmediato. El público se sumerge en el silencio, con la boca abierta. Y ninguno de nosotros cree que eres tú quien canta. Pero es sorprendente: Es un canto que nos deja sin aire.

Dejo de hablar y ella permanece en silencio.

—Y... entonces me desperté.

Se hace un silencio tan prolongado que cualquiera habría creído que ella había colgado desde hacía mucho rato.

—No estás llorando, ¿verdad?

—Por supuesto —dice con voz chillona.

El alma se agita al escuchar lo que no sabía que ya le era conocido. Kathleen Norris dice: "Si realmente te ves en la necesidad de permanecer en terreno firme, esto te ayudará a conocer dicho terreno".

La resistencia nace al reafirmarnos en nuestra propia divinidad, logrando notas que creíamos que estaban fuera de nuestro alcance.

* * *

Las pandillas son bastiones del amor condicional: Una movida en falso y te encuentras afuera de ella. Los deslices nunca se olvidan, y los errores de juicio siempre serán una amenaza contra ti. Si un cuate no hace lo suyo y cumple con el deber requerido, puede caer en un estatus "indeseable". Éste es un estado del cual es difícil recuperarse. Homeboy Industries pretende ser una comunidad de amor incondicional. La comunidad prevalecerá siempre sobre las pandillas.

Derek Walcott dice, "Soy nadie o soy una nación".

Homeboy Industries es una piedra angular de resistencia. En esta "nación" descubres tu verdadero yo. Los cuates que trabajaban en Homeboy siempre regresaban en sus días libres o durante la hora del almuerzo. Un cuate me dijo un día:

—Simplemente he venido por mi dosis.

—¿De qué?

—De amor —dice él.

Todos los seres humanos esperan que les digan si ellos son completamente aceptables. Pero no hay necesidad de hacer pequeños ajustes: todo es como debe ser.

* * *

Estoy trabajando en mi escritorio, mis ojos concentrados en algo. Sabes cómo puedes sentirte cuando dos ojos te observan detenidamente. Miro y es Danny, un chico de diez años, bajito y rollizo, que vive en los proyectos, y uno de los visitantes habituales de la oficina. Es un chico agradable y algo necio a quien le va mal en la escuela. Parece haberse robado ese bloc de notas, que parece casi tan grande como él. Lo tiene sobre su rodilla doblada, y sostiene un lápiz con su mano derecha. Está haciendo un bosquejo de mí. Se aplica a fondo en este dibujo, y sostiene el lápiz frente a mí, como para hacer más grande el tema de su retrato. Es una técnica que, sin duda alguna, ha tomado de las tiras cómicas. Trabaja en el retrato, se detiene, levanta de nuevo el dedo pulgar y el lápiz para captar mi esencia. Esto me desternilla de la risa. Es algo completamente agradable y divertido.

Agua, aceite, llama

Danny se molesta bastante.

—No te muevas —me dice, y su voz no está exenta de amenazas.

Esto me hace reír aun más, pues creo que no hay la menor diferencia si me muevo. Me río a carcajadas; Danny me lanza una mirada de acero, que no contiene la menor señal de diversión. Se transmuta en una suerte de Clint Eastwood con los dientes apretados.

—Te dije que no te movieras.

Me quedo completamente inmóvil, dejo de reírme, y Danny termina el retrato.

Arranca la hoja y la deja sobre mi escritorio, revelando *su obra de arte*. Y allí, en el centro de esta enorme hoja de papel y del tamaño de una toronja, estoy yo, o eso creo. Aparentemente, he sido tocado con una vara mágica y me he convertido en una criatura horrenda. El estilo se asemeja al de un Picasso en sus peores días. Mis lentes están inclinados, mis ojos no están donde deberían estar. En términos generales, mi cara está completamente desencajada, y es un lío irreconocible. Yo estoy prácticamente mudo.

—Ah, Danny, guau, ¿ese soy yo?

—Sí —dice, parándose orgulloso frente a mi escritorio, en espera de un veredicto más concluyente.

—Bueno, creo que no sé muy bien qué decir... realmente... es... muy interesante. —Danny parece un poco molesto—. ¿Y qué esperabas? TE MOVISTE.

Nos estremecemos ante nuestra realidad. Toda una comunidad me grita, "No te muevas". El llamado a no moverme es nada menos que la satisfacción de Dios ante la sacralidad y el amor que hay en cada uno, aunque parezca tener una forma poco menos que perfecta.

103

Tatuajes en el corazón

* * *

Aunque se había ido de su casa a los trece años, apenas conocí a Andrés cuando tenía diecinueve años y llevaba viviendo mucho tiempo en varias casas de la ciudad. Irse de casa era probablemente lo único razonable que podía hacer. Su madre, al ver a Andrés como el retrato de su padre, el hombre que la había abandonado, descargó toda su rabia y desprecio en este niño, quien se convirtió en una especie de Cenicienta masculino, un esclavo que lavaba los pisos y el baño del bar, y del pequeño apartamento de su madre, donde vivían. Ella no abusó de él: lo torturó. Lo quemaba con cigarrillos y le introducía la cabeza en el sanitario hasta casi ahogarlo. Andrés fue rescatado varias veces de su hogar por funcionarios del servicio de Protección Infantil, pero no tardaban en devolvérselo a su madre.

Cuando se fue de casa, puso su miseria en sintonía con otros camaradas de una pandilla local. Todos luchaban por conservar su vida y compartían los estrechos confines de la isla de su orfandad. Cuando conocí a Andrés, estaba sintiendo la presión de "abandonar el lugar de los cuates".

En esa época teníamos la casa Miguel Pro, un refugio para mujeres y niños situado en el último piso de la escuela básica, en lo que era el convento de Dolores Mission.

Había un cuarto disponible y se lo di a Andrés. Poco después consiguió un empleo, alguien le regaló una "ranfla destartalada" para poder ir al trabajo, y le comenzó a ir bien. Andrés fue uno de los chicos entrevistados por Mike Wallace. Como yo iba a realizar mi nivel terciario (un año de reflexión y meditación, un largo retiro, y el ministerio exigido a todos los jesuitas antes de tomar los votos finales) y retirarme por un tiempo de mi carrera como párroco, Mike le pregunta a Andrés, quien actualmente tiene veintiún años:

—El padre Greg dice que eres un caso exitoso. Él se va a ir. Quiero saber si vas a continuar por este camino del éxito después de que el padre Greg se vaya.

Antes de que pueda responder la pregunta, Wallace se le acerca inexplicablemente, en busca de una camaradería que sinceramente no se ha ganado, y le dice: —Realmente tendrías que ser un imbécil para no continuar en este camino al éxito.

Andrés ruge como un león que escucha a alguien acercarse.

—¿Cómo me dijiste?

Mike se mueve en su silla metálica plegable como alguien que acaba de excederse.

—Mmm, bueno, es simplemente una forma de decirlo. No te estoy diciendo eso. Sólo que... bueno...UNO... tendría que ser un imbécil...

Andrés está temblando de la rabia y pareciera que su cuerpo quisiera ir en varias direcciones al mismo tiempo.

—Sólo hay una persona que puede decirme así: el padre Greg... Ni mi familia, ni siquiera mis cuates... y mucho menos un tipo rico y blanco como tú.

Andrés se quita el micrófono de su camisa y sale por la puerta lateral de la iglesia donde se estaban realizando las entrevistas. Los colaboradores de Mike van a mi oficina y me dicen con nerviosismo; "Andrés se volvió loco". Hablo con él, pero no consigue calmarse. "Lo iba a golpear, G. Realmente lo iba... a golpear". ¿Quién de nosotros no ha querido 'golpear' a Mike Wallace?

Andrés estaba más vivo y mejor que nunca antes, y por primera vez tenía una levedad en su ser. Se sentía orgulloso de sí mismo.

Un día nos encontramos en el estacionamiento de la iglesia.

—¿Sabes algo? Estoy pensando en llamar a mi jefita.

—¿Estás seguro? —le advierto. A fin de cuentas, llevas más de cinco años sin hablar con ella.

—Bueno, sí —me dice—. Es la única mamá que tengo.

Lo invito a mi oficina y lo dejo solo. Menos de cinco minutos después, Andrés está a mi lado de nuevo; parece sorprendido. Y esto es lo que la mujer que trajo a Andrés al mundo decidió decirle a su hijo, después de más de cinco años de no hablar con él: Esto y sólo esto:

—Tú eres basura.

Ahora el sorprendido soy yo, que escasamente puedo comprender semejante comentario. Los ojos de Andrés están humedecidos bajo el sol del mediodía.

—No le creíste, ¿verdad?

—No... la perdoné.

Varios años después, Andrés se sienta en una de las sillas de mi oficina. Tiene su auto en el taller (ha tenido varios). Quería saludarme antes de tomar el autobús rumbo a su apartamento. Me ofrezco a llevarlo a Montebello.

—G, ¿te importaría si fuéramos a Ralph's para comprar algunas cosas? Es para aprovechar que me estás llevando.

Llegamos a Ralph's y observo, desde varios pasos de distancia, a Andrés tomar un carro de compras y llevarlo por la sección de vegetales y productos enlatados. Me dice, "Los martes hay rebajas; ese es el día para comprar". Me sorprende su seguridad y familiaridad con este lugar. Él sabe a dónde ir. Sabe qué comprar.

—¿Sabes algo? Tienes que ser muy cuidadoso en estos supermercados grandes.

Agua, aceite, llama

—¿De veras? —le pregunto.

—Ah, sí.

Andrés mira el pasillo para ver si hay espías.

—Es esa música de ascensor que está sonando —me susurra y señala el techo—. Te confunde y te hace comprar cosas que no necesitas.

Hogar dulce hogar en su propia piel: Un hombre que ha decidido dar sus propios pasos. Dios eternamente satisfecho con toda esta sacralidad. Andrés, un templo elevado, santo de santos, allí, en el pasillo cinco.

No te muevas.

*   *   *

Yo estaba felicitando a un cuate por teléfono, pero él no aceptaba mis elogios. "Sabes", insiste, "todavía tengo mis heridas". Tenemos que "agarrar del cuello" a nuestras mentes occidentales y derribarlas. Creemos que las "heridas" son defectos. Creemos que la forma inadecuada en que respondemos no sólo es prueba de nuestra humanidad, sino también —y de algún modo— de nuestra falta de valor. Los cuates se sienten muy culpables en este sentido. En una versión acentuada del síndrome de Estocolmo, los cuates se identifican y se aferran a sus debilidades, dificultades y cargas. Uno quiere que ellos dirijan su atención y su lealtad hacia su bondad esencial. Uno les muestra el cielo azul de su sacralidad, y ellos se transfiguran solamente con las nubes amenazantes. Uno permanece al lado de ellos y los anima a mirar hacia arriba, y espera veinte minutos.

"Ustedes son el cielo", afirma Pema Chodron. "Todo lo demás es simplemente clima".

Tatuajes en el corazón

* * *

No sería raro preguntarle a Fabián cómo le va, y escucharlo responder: "Me siento entusiasmadamente limpio; gracias". No está por demás decir que nunca he conocido a un cuate como él. Son pocos los que son capaces de incorporar la calidez y el optimismo a su conversación, o comentar a modo de respuesta, "elemental, mi querido Watson".

Fabián, quien actualmente tiene poco menos de treinta años, está casado y tiene tres hijos, y lleva varios meses trabajando en Homeboy Industries. Tiene un trabajo bien remunerado y es tan decente como pocos seres humanos. Es una persona como ninguna otra. Se sabe de memoria varios apartes de la película *Forrest Gump,* así como todas mis pláticas y conferencias.

Una vez lo llamé desde Palm Springs, poco antes de comenzar mi presentación, pues estaba enredado con algo y no sabía la palabra exacta. Él no tuvo que pensarlo siquiera para decirme la frase adecuada.

Su infancia transcurrió en una densa mezcla de un padre pandillero, una madre con perturbaciones mentales, y realmente nadie en sus cinco sentidos: Todos estaban siempre en un estado que no era la cordura. Tenía unos diez años cuando su madre lo golpeó con el tacón de su zapato mientras buscaba refugio en el clóset. Luego golpeó a Michael, el hermano de Fabián, y cuando terminó de gritar, Fabián salió del clóset y vio que su madre le había amarrado un gancho de alambre en el cuello, y que su hermano estaba azul. Fabián arremetió contra ella con su cuerpo y la derribó. Por lo tanto, nadie se habría sorprendido si lo hubieran encerrado permanentemente en alguna institución estatal.

Agua, aceite, llama

Pero, de algún modo, y debido al giro misterioso y lleno de gracia de algún timón, Fabián encontró otras coordenadas y logró salir de las aguas traicioneras donde otros perecieron.

Su humor es tan inteligente y particular que uno sospecha ocasionalmente que otro ser ha tomado posesión de él. Durante un viaje a Washington para hablar ante un subcomité del Congreso, Fabián y Felipe, un enemigo de la pandilla más rival, se estaban divirtiendo bastante mientras veían *Gremlins* en la casa de mi hermano Paul.

Paul, su esposa Joy y yo, estábamos tomándonos unas cervezas después de un día intenso. Fabián, quien en aquel entonces tenía diecinueve años, bajó las escaleras para ir por gaseosas para él y Felipe. Va directamente al refrigerador, pero se detiene al vernos.

—¿Puedo tomar una cerveza?

—No.

Fabián saca las coca colas y se detiene.

—Eso significaría mucho para mí.

—No.

Sigue buscando en el refrigerador y luego se retira.

—¿Valoraría mucho este momento…?

Yo les pregunto a ustedes: ¿quién habla así?

Hace poco, estábamos hablando por teléfono. Él siempre me llama para saber cómo estoy, y las conversaciones se disuelven rápidamente en un pozo de intrascendencia.

Me dispongo a recibir en mi oficina a todas las personas que han hecho fila para hablar conmigo, así que trato de librarme de las garras de Fabián.

—Bueno —le digo—, será un gran placer colgarte ahora mismo.

Él finge cierta irritabilidad.

—¿Por qué? Yo nunca…

Y luego dice: —Pues bien, será un gran placer para MÍ el que TÚ me cuelgues.

—Buena respuesta —le digo.

Fabián tenía un talento increíble para entablar amistades duraderas con sus "enemigos" de Homeboy. Su ternura era realmente incomparable. Visitaba a un enemigo sometido a una quimioterapia brutal y le prestaba videos para que se distrajera. También inspeccionaba el hospital para asegurarse de que ninguno de sus enemigos lo estuviera visitando al mismo tiempo.

Sus enemigos no entendían esto. En una ocasión, Fabián iba en el asiento de atrás con sus cuates, quienes lo estaban llevando a casa.

—Hey, miren —grita alguien que va en el auto—. Es el Froggy.

El alarmista señala a su enemigo, que viene por la calle Primera—. ¡Chinguemos!

El auto se detiene y Fabián hace gala de su magia.

—Retrocedan, hermanos. Ese es mi primo.

—¿En serio? ¿Es tu primo?

—Sí; el hijo de mi tía.

Y el auto reanuda la marcha. Froggy era un enemigo al que Fabián había conocido en mi oficina, pero no eran parientes.

No sé cómo logró hacer eso.

Con más misterios de lo que puedo explicar, Fabián se aferró a la singularidad de este amor que nos derrite. No derrite a quienes somos, sino a los que no somos. Resultó que Fabián no era todo el abuso que había sufrido. Era alguien más, sorprendente y glorioso.

Agua, aceite, llama

*   *   *

Llevo dos décadas trabajando con miembros de pandillas, y ocasionalmente, a la gente se le ocurre darme algún tipo de premio. Me han dado varios: Un león de bronce, un cachivache de cristal, una placa, o un agradecimiento enmarcado. (Especialmente en años recientes, y después de ser diagnosticado con cáncer, comienzas a recibir "premios por la labor de toda una vida" si es que saben lo que quiero decir). Nunca he conservado ninguno de ellos.

Siempre se los doy a alguno de los cuates. Generalmente, me entregan estos premios luego de una cena lujosa en algún hotel de Beverly Hills. Reservan una mesa para mí, y yo lleno la mitad con cuates, y la otra mitad con las mujeres de los proyectos. Todos se visten con lo mejor que tienen. Las mujeres van con los vestidos que lucieron en las quinceañeras de sus hijas; los cuates con pantalones Ben Davis, perfectamente planchados, y camisas a cuadros grandes y por fuera. Les intriga la cantidad de cubiertos de plata que tienen frente a ellos. "¿Para qué es este tenedor?". Siempre le piden Tapatio al camarero. Cuando llega la ensalada gourmet de rúcula con vinagre balsámico de pera, toman los cubiertos y uno de ellos dice, "Esto sabe horrible". Siempre hay alguien que dice eso.

Después del evento, los llevo a todos a sus casas, sabiendo que al último que lleve le daré el galardón. (Una vez, le di una placa sofisticada a un cuate. Y me dijo, "Guau, es hermosa. Y si estoy en la mala, puedo venderla en eBay, y conseguir dinero".

Cuando llevo al último cuate a su casa y le digo, "Oye, *dog*, eres mi héroe: Mira dónde estabas antes y dónde estás ahora. Por eso quiero regalarte este... león de bronce".

Y le digo que vendré a darle una mirada de vez en cuando. Una vez fui invitado a recibir un premio en el Departamento de Educación de la Universidad Loyola Marymount. Yo tenía programada otra conferencia ese mismo día, y pregunté si podía enviar a uno de mis trabajadores para que lo recibiera (sabiendo que después se lo regalaría).

Aceptaron mi propuesta, y yo escogí a Elías para que recibiera el premio. Elías tenía dieciocho años, trabajaba en Homeboy Silkscreen y había cambiado su pasado en una pandilla para ser un padre de familia y tener un trabajo digno. Dado el espectáculo macabro que era su familia, su entorno, y el número de obstáculos que tenía su camino, su éxito era aun más sorprendente.

—¿Podrías ir a este evento y aceptar el premio en nombre mío? —le pregunté.

Él quedó desconcertado ante semejante honor, y me dijo:

—Claro que lo haré.

—A propósito —añado—, tienes que dar un pequeño discurso de aceptación.

—¿QUÉ? —dice abriendo sus ojos de par en par.

Le digo que se calme, que escriba dos párrafos, y que todo saldrá bien. Le digo que Cara Gould, una de nuestras empleadas más importantes en aquella época (y una de las más hábiles para trabajar con cuates) lo acompañará a la Universidad de Loyola.

Después me entero que Elías estuvo completamente nervioso durante el viaje, y prácticamente quiso lanzarse del auto en movimiento.

—No soy capaz, Cara. No puedo hablar frente a tantas personas.

Cara intenta calmarlo un poco.

Agua, aceite, llama

—Mira —le dice—, siempre he escuchado que si estás nervioso mientras le hablas a las personas, simplemente imagina que todo el público está desnudo.

Elías le responde:

—ESO NO LO PUEDO HACER: ¡no podría parar de mirarlos!

Cuando llegan al auditorio, las cosas pasan de mal a peor. El lugar está abarrotado de gente y no quedan sillas disponibles. Elías comienza a sudar. El maestro de ceremonias anuncia: "Elías Montes aceptará el premio en nombre del padre Greg Boyle".

La multitud aplaude cálidamente mientras Elías avanza vacilante hacia el podio y la luz del escenario cae sobre él. Tiembla mientras sostiene el papel amarillo en el que ha escrito su discurso. En realidad no es que sea un discurso. No hay poesía, sólo el testimonio inconfundible de este chico que está allá, transformado y sorprendente. La audiencia parece captar esto desde el primer instante. Elías concluye de una manera grandiosa: "El padre Greg y Homeboy Industries creyeron en mí, y yo decidí creer en mí mismo. Y lo mejor que puedo hacer para devolverles el favor es cambiar mi vida. Y eso es exactamente lo que he decidido hacer. Gracias".

El auditorio estalla en aplausos y todos se enloquecen. Se ponen de pie, lloran y gritan. Los asistentes buscan sus pañuelos faciales y no dejan de sonarse. Elías encuentra su silla. Cara llora mucho, y lo mismo le sucede al hombre que está al otro lado de Elías. La ovación continúa, y Elías no se da cuenta de esto. Finalmente, se acerca a Cara, que todavía está de pie y aplaudiendo con los demás, y le susurra:

—Híjole, realmente están aplaudiendo a G.

Y Cara se aproxima y le dice: —Oye, *menso*, no están aplaudiendo a G: te están aplaudiendo a TI.

Elías se endereza, como alcanzado por una descarga eléctrica.

—Noooo —dice.

—Síííí —le asegura Cara—. Te están aplaudiendo a ti.

Y un salón de perfectos desconocidos hace que Elías regrese a sí mismo y diga en términos que no admiten discusión: "No te muevas".

* * *

Jason llegó a mi oficina por primera vez. Aunque lo conocía de toda su vida, era un experto en rechazar mis ofertas de ayuda. Mientras tanto, Jason había cometido su buena dosis de fechorías para su pandilla. Prefería vender crack que cualquier otra cosa. Era terco en su resistencia hacia mí. Y, sin embargo, allí estaba ese día en mi oficina.

—¿Y ese milagro? No puedo creer que estés aquí —le digo.

Jason estaba inusualmente callado, resignado ante lo que fuera que le estuviera sucediendo. Me habría gustado saber más cosas sobre por qué y cómo fue a mi oficina ese día. Pero todo es un misterio para mí. Yo sólo sabía de su compromiso total para con su barrio, la venta de drogas y el crimen en general. Yo no podía trazar una línea recta entre el hecho de su aparición en mi oficina ese día, y algún momento decisivo en su pasado reciente. Sin embargo, sólo podía ver al chico tonto que había conocido quince años atrás, y quien no tenía otra opción más que dejar que ser criado por las calles.

Lo remití a uno de nuestros agentes laborales, quien a su vez

Agua, aceite, llama

lo envió a una entrevista ese mismo día. Menos de dos horas después regresa completamente emocionado.

Se detiene en la puerta de mi oficina, y dice:

—ME DIERON EL TRABAJO.

—Fantástico —le digo.

—Sí —señala—. El administrador dice que yo cumplo con la descripción.

—Bueno —le digo—, supongo que si estuvieras en la lista de los Más Buscados, pudo decir que "cumples con la descripción". ¿No diría acaso que "cumplías con los requisitos"?

Jason se agita, ríe, y se golpea la frente.

—Sí, eso fue, "cumplía con los requisitos". ¡Híjole! ¿Por qué pensé en "cumplo con la descripción"? Pendejo.

Jason me visitó con frecuencia posteriormente. Supongo que simplemente para "recibir su dosis". Venía a que le ayudara con su hoja de vida con la esperanza de conseguir un mejor trabajo, y hablaba conmigo. Esto le parecía fácil, pues ya no llevaba el peso de la vergüenza producto de su anterior existencia de "cabeza de chorlito". Mantenía su cabeza en alto y podía mirarme a los ojos. Podía mirarse al espejo sin moverse. Había pasado mucho tiempo desde que pudo hacer eso.

—Finalmente comprendí por qué estuve tanto tiempo en eso —me dice en una de sus visitas, refiriéndose a su pandilla y a la venta de drogas.

—Sí, ahora puedo verlo. Era porque todo el tiempo sentía rabia.

Y, ¿cómo no habría de sentirla? Sus dos padres eran adictos a la heroína, él tuvo que criarse sólo: y los niños no saben hacer eso.

—Y ahora —dice—, la dejé salir de mí; me refiero a la rabia.

115

En una de sus visitas un día miércoles, le pregunto:

—¿Estamos listos para el bautismo de tu hija el sábado?

—Sí —responde—, le compré el vestido ayer. Se verá preciosa.

Al día siguiente, mientras iba a una entrevista de trabajo en busca de un mejor cargo, Jason fue abaleado. Alguien lo vio y tal vez todo su pasado se hizo presente de nuevo. Lo enterré una semana después y bauticé a su hija durante la misa del funeral. Agua, aceite, llama.

Leí el Evangelio que quería utilizar en su liturgia. Jesús dice, "tú eres la luz del mundo". Pero me gusta más lo que no dice. Él no dice: *"Un día, si eres más perfecto y realmente te esfuerzas, serás luz"*. Él no dice, *"Si sigues las reglas, escribes correctamente las 'tes' y les pones puntos a las 'íes', entonces tal vez serás la luz"*. NO. Él dice directamente: "Tú eres luz". Ésa es la verdad de lo que es, tan sólo esperando a que la descubras. Así que no te muevas, por el favor de Dios. No necesitas ser un contorsionista para ser algo diferente de lo que eres. Jason fue el individuo que era. Cometió muchos errores, no era perfecto, y una buena parte de su vida estuvo regida por la rabia. Y él era la luz del mundo. Él cumplía con la descripción.

5

Trabajo lento

David había decidido cambiar. Tenía dieciséis años y estaba de nuevo en la escuela por primera vez "en mucho tiempo", y trabajando medio tiempo en Homeboy. Le gustaba vivir de nuevo —o tal vez por primera vez— en su propia piel. Le gustaba ser tan listo como era para descubrirse a sí mismo.

Un día entra a mi oficina y parece querer entablar una conversación trivial.

—¿Sabes? —me dice—, conocí a un hombre que hace poco asistió a una de tus pláticas.

Yo doy muchas pláticas y David me ha acompañado a varias.

—¿En serio? —le digo—. ¡Qué bueno!

—Sí —comenta él—, tu plática le pareció más bien… monótona.

—¡Neta! —exclamo un poco desconcertado—, ¿en serio?

—Bueno, realmente —dice David—, no fue eso lo que dijo. Sólo que yo necesitaba practicar ciertas palabras.

Le sugiero que las practique con otra persona.

Tatuajes en el corazón

En los programas de recuperación de doce pasos, dicen con frecuencia, "Se necesita lo que se necesita", lo cual es cierto en lo referente al cambio. La luz del bombillo aparece y se enciende. ¿Quién puede explicar cómo o cuándo? No podemos hacer esto por otras personas. Pero David lo había decidido.

Después de la misa en la cárcel para jóvenes de Los Ángeles, vi a un chico llamado Omar, de diecisiete años, a quien conocía desde hacía varios años. Nunca lo había visto "afuera"; sólo en diversos centros de detención como en los salones, los campos, o en programas de reinserción. No duraba mucho afuera, antes de verse arrastrado de nuevo por la vida de las pandillas y de las calles.

Me gesticula frenéticamente mientras es conducido a su unidad. "Ven a verme". Y dice el nombre de su unidad: "KL".

Lo localizo en el salón de la unidad KL. Él conoce el procedimiento rutinario. Saca rápidamente dos sillas plásticas cuyos espaldares tienen graffitis de pandillas, y las lleva cerca de la ventana, fuera del alcance de los demás. Me dice que saldrá el jueves, y no puedo más que pensar que lo veré de nuevo en uno de los centros de detención del condado. Después de media hora, miro el reloj de la pared y le digo:

—Tengo que irme, *dog*.

—¿Por qué tan rápido, G? —me pregunta. Yo me levanto.

—Tengo una misa de aniversario en el cementerio, en honor a un cuate que enterré hace un año. Así que tengo que irme.

Omar permanece sentado y está inusualmente pensativo.

—Oye, G —dice—, ¿puedo hacerte una pregunta?

—Claro, mijo —respondo—, la que quieras.

—¿A cuántos cuates has enterrado... es decir, que hayan muerto en peleas de pandillas?

Trabajo lento

—A setenta y cinco, hijo.

(Esto fue hace unos años. Si me lo hubiera preguntado ahora, la cifra sería más del doble).

—¡De veras, G! ¿Setenta y cinco? —Niega con la cabeza en señal de escepticismo, y su voz se convierte en un murmullo—. Rayos... ¿cuándo acabará?

Me acerco a él y le doy la mano para ayudarlo a ponerse en pie. Sostengo la suya con mis dos manos y lo miro a los ojos.

—Mijo; terminará —le digo—, en el instante en que... tú lo decidas.

Me sorprende el humedecimiento de sus ojos. Me aprieta las manos.

—Bueno —dice—, entonces decidiré.

—Omar —le digo—, siempre ha sido así de simple.

"¿Cuántas veces te ha sucedido?", escribe Robert Frost, "¿antes de que se te ocurra algo?".

El cambio nos espera. Lo decisivo es nuestra decisión.

* * *

La misa está a punto de comenzar en el Campo Munz, y yo he estado saludando con la mano a los cuates en el gimnasio. Todos están sonrientes y afables, vestidos con fatigas militares. Hay un chico con la cara y los brazos cubiertos de tatuajes, lo que no es usual en jóvenes de esta edad. Lo saco de la fila y me dice que se llama Grumpy*. Sólo me da su apodo y parece más endurecido que la mayoría de los chicos de su edad.

—Mira —le digo, sacando una tarjeta de mi bolsillo—, llá-

---

*Malhumorado

119

mame cuando salgas y te borraremos los tatuajes sin costo alguno.

Cuando digo esto, la respuesta es casi siempre la misma. Toman la tarjeta, la miran y dicen algo como, "¿En serio?... Guau... ¿Sin costo alguno?... Firme". Pero Grumpy no dice eso. Él no recibe mi tarjeta. Me mira "completamente loco", como dirían los cuates, y me dice en voz muy alta:

—¿Sí? ¿Entonces para qué me los hice si me los voy a quitar?

Está irritado y beligerante, algo que casi nunca sucede. Ante esta rara ocurrencia, me lleno de placidez y encuentro mi voz calmada y preternatural.

—Bueno —le digo—, ni siquiera te conozco, pero SÉ por qué tienes todos esos tatuajes.

—¿Sí? —dice en voz aun más alta—. ¿Por qué los tengo?

—Es muy simple —le digo tan calmado como él está exaltado—. Un día, mientras no estabas mirando, tu cabeza se te... metió... en el trasero. Así es, *dog*, te metiste la cabeza en el trasero —le digo mientras pongo mi tarjeta en su mano—, llámame... en el instante en que... encuentres tu cabeza.

No es el momento del que me sienta más orgulloso, pero como dirían los cuates, "yo no me dejo", lo que quiere decir que, si se vuelven "locos" conmigo, yo también tiendo a volverme loco. Estoy trabajando en ello.

Unos cinco meses después, alguien me da varios boletos para ver a los Lakers; son suficientes para llenar la furgoneta de la parroquia con la pandilla mugrosa (un grupo de chicos problemáticos de Pico Gardens que parecen haber jurado lealtad a la falta de higiene y tener una alergia a bañarse). Eso fue cuando los Lakers aún jugaban en el Forum, y habíamos sido bendecidos con asientos al borde de la cancha. Los chicos de los proyectos iban adelante de mí, y yo tardé en subir las escaleras. De repente, un grupo de jóvenes de Campo Munz se ponen de pie para saludarme.

—Oye, G —dice uno—, somos nosotros, del Campo Munz.

Los veo mejor, todos están con sus ropas camufladas y les han dado boletos. Le doy la mano a cada uno, sentados como están uno detrás del otro. El grito "ALLÁ ABAJO", no nos hace saludarnos más deprisa. Estamos mutuamente emocionados de habernos encontrado. Estoy llegando al final, y el antepenúltimo vato es Grumpy. Nos miramos y le extiendo la mano. Él se niega a darme la suya. *No está bien,* pienso. Y de manera inesperada, Grumpy me abraza y me aprieta con fuerza. Se acerca a mi oído y me susurra, "Salgo el martes... te llamaré el miércoles... quiero que me borres los tatuajes".

Teilhard de Chardin escribió que debemos "confiar en el trabajo lento de Dios".

El nuestro es un Dios que espera. ¿Quiénes somos nosotros para no hacerlo? Se necesita lo que se necesita para dar la gran vuelta. Hay que esperarla.

* * *

En los primeros días yo no era tan bueno para esperar. Recorría los proyectos de vivienda en bicicleta, convenciendo y persuadiendo a los cuates para que aceptaran las oportunidades de empleo que algunas veces me llegaban. Leo era un ejemplo perfecto de esto, y muchas veces más de las que puedo recordar, yo preparé un plan.

—Oye, *dog*, te tengo una entrevista —le dije a Leo, de diecinueve años y desertor escolar que pasaba la mayor parte del tiempo con sus cuates en los proyectos. Era un chico de baja estatura, rechoncho y extremadamente agradable al que era casi imposible no querer ayudar. Yo le buscaba algo con frecuencia: Una entrevista, una "oportunidad" de una oportunidad para algo, y su entusiasmo nunca desaparecía. "Sí, firme", decía. Y cuando llegaba el momento, Leo me dejaba esperando. Yo lo esperaba y él nunca llegaba. Esto me pasó más que un puñado de veces.

Es tarde en la noche y estoy con algunos cuates en la oscura entrada de uno de los proyectos. Veo a Leo correr hacia un auto para hacer una venta en un estacionamiento cercano. Está contando el dinero y se acerca a la entrada. Cuando llega, mira y se lleva un gran susto al verme, consciente de que he sido testigo de toda la transacción. Tiene pura cara de cachado.

—*Spensa, G* —me dice—, la neta, no te había visto. Actué mal.

—No necesitas disculparte, mijo —le digo—. Me has enseñado algo esta noche.

—¿En serio? —pregunta confundido, aunque obviamente interesado.

—Así es —le digo—, me enseñaste que por más que yo quiera que tengas una vida, no es lo mismo que tú lo quieras. Así que cuando quieras tener una vida, llámame.

Y lo reconozco: Me marché un poco más que desanimado con la profesión que elegí.

Pocos meses después, Leo me llama.

—Ya es hora —dice. Supe exactamente a qué se refería.

—¿Y qué fue lo que hizo que se te encendiera el bombillo? —le pregunto.

—Bueno… hoy… estaba viendo el programa de *Jerry Springer*.

Trabajo lento

Aparentemente, las personas que se lanzan sillas entre sí hacen que reacciones.

—Y pasaron un comercial sobre el Instituto ITT, donde aprendes cosas, y yo pensé, *Tal vez debería llamar a G, para ver si me consigue un curso.*

Leo sentía una afinidad sobrenatural por los animales. Era el San Francisco de los proyectos. Aunque no se permitían mascotas allí, la gente las tenía de todos modos. Llevaban un perro o gato en mal estado, y Leo se las arreglaba para curarlos. "Colgaban sus muletas" y quedaban "completamente nuevos".

Yo acababa de conocer a un veterinario en una charla que di, así que lo llamé. Contrató a Leo de inmediato; inicialmente para limpiar los excrementos y las jaulas. Posteriormente, Leo aprendió a bañar a los animales y a ponerles inyecciones. Ahora es supervisor de un refugio para animales. No pasó mucho tiempo antes de que tuviera "una de esas profesiones". Valió la pena esperar.

A veces necesitas entrar por la puerta de un miembro de una pandilla para poder mostrarle una puerta completamente nueva. Tomas lo que a él le parece valioso y le das la vuelta alrededor de otra cosa, una nueva forma de nobleza. Intentas localizar su código moral y lo adaptas a un nuevo estándar que no incluya la violencia ni el rencor por los enemigos.

* * *

Los aniversarios de los muertos son celebrados y conmemorados con un gran cuidado en los barrios. Esto era particularmente cierto en mis primeros días, cuando las pandillas estaban comenzando a ver los primeros casos fatales. Hoy día, los aniversarios parecen ser menos recordados que hace veinte años. A medida que aumenta el número de homicidios, sólo los familiares y amigos cercanos parecen recordar.

Un cuate llamado Psycho, de diecinueve años, ha muerto hace un mes, y quince de sus cuates insisten en ir al Resurrection Cemetery para conmemorar los treinta días del fallecimiento. Les digo que suban a la furgoneta y nos encontramos en la tierra y en la hierba aún casi fresca donde nos habíamos reunido un mes atrás. La familia aún está consiguiendo dinero para colocar una piedra con su nombre, pero los cuates saben dónde está "descansando en paz". De hecho, es para ellos el verdadero apellido de todos los difuntos: "Psycho Descansa en Paz".

"El otro día fuimos a visitar a la mamá de Gatillo Descansa en Paz", podría decir un cuate. Y es muy común que las mujeres jóvenes respondan al teléfono de este modo: "Soy Blanca, la mamá de Sniper Descansa en Paz".

Nos reunimos en círculo alrededor de la tumba y permanecemos en silencio. Los cuates permanecen con las manos en los bolsillos y miran hacia abajo, en dirección a la tumba. Yo miro para el otro lado mientras ellos roban flores de otras tumbas y las dejan en la de su amigo. Fuman, varios de ellos encienden un frajo para Psycho, y luego lo dejan encendido sobre la hierba.

Carlos, un cuate delgado e increíblemente alto que aún no tiene dieciocho años, comienza a llorar. Todos estamos en un círculo cerrado, y Carlos se estremece con un dolor renovado, inconsolable, que ahora es un estremecimiento en todo su cuerpo. Noto que sus amigos están perturbados. Comienzan a pisar el suelo y a moverse, y aunque nadie mira a Carlos, es claro que todos están visiblemente incómodos con su actitud. No creo que ellos juzguen que sea falsa o inapropiada, sino simplemente la manifestación de una puerta que preferirían no abrir. Al percibir la señal que está enviando el grupo, paso mi mano por el brazo de Carlos y lo alejo del círculo. Está lleno de mocos y lágrimas, y no parece estar preocupado por limpiarse. Llora de manera decidida mientras permanezco allí con él, con mi brazo en su hombro. Hay algo más que dolor en él. Me dice, mientras toma aire y llora, que ese día estaba con Psycho antes de que fuera asesinado. Iban caminando por el barrio, y a Psycho se le ocurrió contarle una premonición. Le dice que sabe que pronto morirá. "Pero si algo me sucede", agrega, "sé que te encargarás de todo". Carlos ha cargado con esto durante treinta días y no se lo ha dicho nadie. "Encargarse de todo" sólo significa una cosa en el argot pandillero: Matar a quien me mate. Significa venganza: rápida y sin lugar a dudas. Carlos es un joven con acné, que vivía en exceso y entró a una pandilla algunos años atrás, cuando descubrió que el hombre a quien tomaba por su padre era realmente su padrastro. El terremoto de esta revelación hizo que Carlos cayera en picada, que endureciera toda su suavidad, y de algún modo le abrió un lugar en el mundo de beber en exceso y de andar con pandilleros. Sin embargo, Carlos no quería cargar realmente con el peso de vengar la muerte de su amigo.

—Y realmente te *has* encargado de todo —le susurro, tratando desesperadamente de encontrarle otra puerta de salida—. Es decir, ¿quién organizó todas las lavadas de coches con las que pagamos su funeral? Tú. ¿Quién ha acompañado a la mamá y la hermana de Psycho durante todo este tiempo? Tú. Escasamente las has desamparado, pues todo el tiempo las has consolado. ¿Quién me ha ayudado a calmar a los cuates para que no hagan algo estúpido y lamentable? Sólo tú, *dog*. Sólo tú.

Me acerco más para exponerle mi argumento final.

—De hecho, hijo, creo que tú has sido el vato más vato que he conocido. Neta. Es decir, tú te encargaste de todo.

* * *

Con mucha frecuencia, los cuates quedan atrapados en una ciénaga de desesperación, tanto con los grandes problemas, como con el fango ordinario de la inercia. Son pocos los que pueden conjurar una imagen de algo mejor. Joey es uno de los que han quedado atrapados. Tiene veintiún años, parece ser eternamente adolescente, y ha llegado a dominar el arte de andar por ahí. Es un chico rollizo y de mejillas angelicales que aparenta doce años. Es poco entusiasta incluso en sus incursiones ocasionales para vender crack. Vende lo suficiente para ir a McDonald's y luego renueva su pasión por hacer nada.

El término *freakonomics* es lo suficientemente cierto: que, en términos generales, son muy pocos los cuates que se vuelven ricos vendiendo drogas. Ninguno de ellos compra una casa en La Puente, y menos Joey. Con frecuencia intento sacarlo de ese estupor de dormir hasta tarde, beber, estar con los cuates, ir donde su jaina y soportar los "ladridos" de su abuela. Memo, su hermano mayor, quien es más decidido, resume el nivel de madurez de su hermano: "Siempre se está comportando como la talla de su zapato: ocho". Esta pereza se ha convertido en su vida, y a pesar de todas las salidas que creo haberle mostrado, él las rechaza con amabilidad.

Joey me visita una mañana en la oficina, y su sonrisa parece provenir de un lugar más profundo y seguro de lo usual.

Trabajo lento

—Prepárate para sentirte orgulloso de mí —dice.

—Está bien: dispara.

—Estás hablando con un... vato empleado.

—¿Serio, *dog*? Felicidades. ¿En dónde estás trabajando?

Joey se da vuelta para asegurarse de que no hay nadie cerca.

—Se trata de lo siguiente, *dog* —me dice, bajando la voz y acercándose más—, tienes que prometerme que no les dirás a los cuates.

Le digo que no.

—Pues bien, estoy trabajando en Chuck E. Cheese —me dice.

—Bueno... eso es maravilloso, hijo —le digo, y siento que me crece la nariz por decir mentiras—. Pero, ¿qué haces allá?

—De eso se trata, G. No se lo puedes decir a los cuates.

Asiento.

—Soy la rata.

La mascota de Chuck E. Cheese es una rata.

—Guau... fantástico. —Trato de convencerlo a él y a mí mismo.

—No... es detestable. El traje de la rata es muuuuyyy caliente, el calor es insoportable y los niños me molestan. Me empujan y me pegan chicles.

—Pero, mijito, me siento orgulloso de ti —le digo—. ¿Qué te hizo despertar y solicitar un empleo?

Joey se sacude y me mira fijamente. No tiene la menor duda de qué lo llevó a este momento, lugar y traje de rata.

—Mi hijo nacerá en dos meses. Quiero que venga al mundo y vea que su padre es un hombre trabajador.

Eso es suficiente.

127

* * *

Siempre creí que Bugsy* era el apodo perfecto para Jaime, porque él molestaba bastante. Podía saber la hora de su visita, siempre después de salir de la cárcel. Bugsy siempre pedía algo después de salir de la cárcel del condado en la calle Bauchet. Era bajito pero luchador, tenía menos de veinticinco años, y había visto una buena dosis de horror y de trauma: tenía ojos de anciano. Como hemos estado un sinnúmero de veces en esta situación, Bugsy, va directamente al grano.

—Este es el trato: Mira mis zapatos. Es decir, están vueltos pedazos. ¿Me haces un paro y me compras unos zapatos?

Yo supongo que la mera repetición de este momento con Bugsy debería suponer un precio para él.

—De acuerdo. Te compraré zapatos, pero antes tienes que responder correctamente esta pregunta.

Bugsy parece estar de acuerdo.

—Primero, antes de hacerte la pregunta, tengo que armar el escenario.

Me agrada la intensidad de Bugsy: Su atención es total.

—Un día, suena el teléfono, y Manuel, un cuate de dieciséis que trabaja con nosotros, contesta. "Homeboy Industries, ¿en qué puedo ayudarle?". Es una llamada de pago revertido; siempre aceptamos este tipo de llamadas, y Manuel la acepta. En la otra línea, y llamando desde la cárcel del condado, está un joven de veinte años, de un vecindario enemigo del de Manuel, aunque ninguno de los dos sabe esto aún.

—¿En qué puedo ayudarte? —le dice Manuel.

---

*Cargante, fastidioso.

Trabajo lento

El preso le grita: —¿QUIÉN ERES?

Manuel piensa: *Podría decirle, "Lucky", mi placa de pandilla,* pero le dice, "Manuel", y el otro chico se vuelve más inquisitivo.

—¿De DÓNDE ERES?

(Una pregunta provocativa, pues quiere identificar a su pandilla).

Manuel dice: —Espere por favor —y le pregunta a mi asistente—, Norma, ¿puedes contestar la línea tres por favor?

Bugsy no podía estar más interesado. Me escuchaba con tanta atención que casi estaba al lado de mi escritorio.

—Ahora —continúo—, este es el escenario, y aquí está la pregunta. ¿Cuál de estos dos vatos era un hombre de VERDAD? ¿El de dieciséis o el de veinte?

Bugsy retrocede un poco, sabiendo que ya tiene un nuevo par de zapatos.

—Vamos, G —dice sonriendo a medias—, eso es fácil.

—Bueno, entonces —le digo yo—, ¿quién es?

—Obviamente, el de dieciséis.

—¿Por qué él y no el mayor?

—Bueno, porque el de dieciséis no jugó a ese juego de niños, esa masa de pandillas —señala, desdeñando semejante conducta.

—Muy bien, mi *dog* —le digo—. Te tengo buenas noticias y malas noticias. Las buenas son: tendrás zapatos nuevos. La mala: Sabes que ese vato de veinte años que llamó de la cárcel… ¡ESE ERAS TÚ, CABRÓN, CUANDO LLAMASTE CON PAGO REVERTIDO HACE DOS MESES!

Bugsy hace un leve gesto.

—Sí, me imaginaba que la historia estaba yendo en esa dirección.

* * *

Eso de "una vez por todas" en las decisiones para cambiar es una utopía. Cada día trae un nuevo afán. Es siempre una recalibración y revaluación de la actitud, y de las viejas y cansadas formas de proceder, de las que a todos nos cuesta deshacernos.

Hay llamadas que no puedo soportar: "Hay un tiroteo en Aliso".

Recibo esta llamada a mediodía. Estoy sentado en mi oficina, y nuestra sala de recepción está llena de cuates que quieren hablar conmigo.

Me disculpo y salgo deprisa a mi auto. Éstos son los pormenores: Dos miembros de una pandilla han entrado a territorio enemigo y están "borrando" las placas (sobrenombres) de sus enemigos, cuando un grupo de éstos los detecta, les grita y sale a perseguirlos. Uno de los dos invasores saca un arma y dispara a mansalva, intentando disuadir a sus enemigos que se acercan. No hay heridos, pero una bala llega hasta la escuela alternativa de la calle Mission, atraviesa una ventana y los cristales rotos le cortan la cara a una mujer que está en la oficina. La mujer es llevada al hospital.

Ni siquiera sé por qué voy a los proyectos cuando recibo una de estas llamadas. Supongo que es porque me llaman. Nunca estoy completamente seguro de cuáles puedan ser las expectativas de las personas.

Uno básicamente está con los muchachos mientras normalizan su respiración y su presión sanguínea. Este día, yendo por la calle Primera a una velocidad considerable en dirección oeste, veo a Johnny y a Oso en el lado equivocado de la calle, ya que es territorio enemigo. Están sin camisa, y corren desesperadamente para pasar al otro lado de la calle. Inmediatamente sospecho que deben ser los miembros de las pandillas que han borrado los graffitis. Ellos se encargan de confirmarme esto cuando me ven avanzar hacia ellos, y puedo leer en sus labios, "OH, MIERDA".

Se detienen y salen disparados por un callejón, lo cual me da mucha rabia. De repente, me convierto en Starsky y en Hutch. Conduzco como si tuviera una luz roja intermitente encima de mi auto, avanzando a toda velocidad por el callejón, a punto de golpear canecas de basura y virando bruscamente para esquivar desechos y pedazos de autos viejos. Veo que doblan a la izquierda y los sigo. No sé por qué hago esto. Aparte del tiroteo, también está el hecho de que corren cuando me ven. Esto es algo novedoso y me molesta mucho. Salgo del callejón y ellos han desaparecido. Doy vueltas por el vecindario y me doy por vencido. Me dirijo a la escena del tiroteo y calmo a los cuates, quienes se sienten ofendidos porque su vecindario ha sido atacado; luego voy a la escuela para asegurarme de que todos estén a salvo. Le preparo un informe a la mujer herida y voy donde creo que puedo encontrar a Johnny y a Oso. Me estaciono, camino, doblo en una esquina cualquiera, y allá están, sentados en el porche de la casa de la novia de Oso. Se ponen de pie cuando me ven, pero levanto la mano para detenerlos y les digo rápidamente, "No", como si les estuviera diciendo "Ah, no. No irán a ningún lugar". Los llamo y les hago señas para que se reúnan conmigo en la pequeña puerta que demarca la propiedad. Siguen sin camisa, todavía sudando tras su escape.

—Nunca jamás… vuelvan a… correr después de verme —les digo calmadamente y conservo el tono, aunque siento tanta rabia como un padre que agarra a su pequeño hijo en la calle para que no lo atropelle un auto. No se da cuenta de lo agradecido que está porque su hijo está a salvo; está furioso por las consecuencias que pudo tener su aventura. Yo siempre he sentido ese estrés desmesurado —que proviene de un lugar profundo y primordial dentro de mí— queriendo proteger y sintiendo sin embargo un temor considerable. Para decirlo con otras palabras, se trata de un síndrome de estrés pretraumático.

Incluso ahora, paso gran parte del día simplemente preparándome. Es rabiosa e indescriptiblemente estresante cuando, conscientemente o no, los chicos que amas colaboran con su propia muerte.

Como es predecible, Johnny y Oso sienten más remordimiento por huir de mí que por su incursión en territorio enemigo. He reunido la información suficiente como para saber que Johnny fue el único que disparó. Me dirijo a él y sé exactamente cómo quiero que termine esta conversación.

—Y, a propósito, Johnny, creo que te gustaría saber: Nadie recibió heridas de gravedad cuando disparaste hace un momento.

Él no protesta ni proclama su inocencia; simplemente sigue escuchando con alguna intensidad.

—Una mujer estaba en la oficina de la escuela cuando una de tus balas hizo añicos una ventana. Un vidrio le cortó la cara y tuvo que ser llevada al hospital. Estará bien. Simplemente creí que te gustaría saberlo.

Me voy y no digo nada más. Pero regreso antes de alejarme.

—Híjole, Johnny. Me estaba olvidando de algo. La mujer con la cara cortada, sí, es tu mamá, hijo. *Tu mamá.* Ella va estar bien. Sólo… pensé que te gustaría saberlo.

Trabajo lento

Johnny se pone completamente pálido y toda su sangre desaparece, dejándolo blanco y sin habla. Es como si Johnny y Oso creyeran que todo esto es un juego, poniendo sus vidas en peligro, disparando un arma de manera temeraria, sin ningún respeto por la vida de tantas personas. Una persona extraña llegaría necesariamente a esta conclusión. Sin embargo, ellos dos son camaradas en el desespero, y su incapacidad de cuidar de sus propias vidas se transmite de manera palpable en el abandono de toda razón, y con absoluta certeza, de toda esperanza.

*   *   *

No hay una fuerza en el mundo que tenga más poder de alterar el curso de cualquier cosa que el amor. El comentario de Ruskin de que puedes hacer que alguien se quite su abrigo de manera más decidida con un sol cálido y amable que con un viento frío y virulento, es particularmente adecuado. Vivir la vida con un corazón bondadoso determinará lo que encontremos en ella. Con mucha frecuencia depositamos erróneamente nuestra confianza en la rectitud de nuestro viento, cuando escasamente tenemos pruebas de que esto tenga un efecto transformador. Tanto los presos como los guardias de la Prisión Folsom (donde trabajé como capellán) siempre decían lo mismo unos de otros: "No quiero que confundan mi amabilidad con debilidad".

Tarde o temprano, todos descubrimos que la amabilidad es la única fortaleza que existe. Recuerdo a un chico en un campo probatorio, quien leía a Corintios 1, 13 en la misa. Si ustedes han estado en tantas bodas como yo, seguramente se sienten entumecidos cuando escuchan, "El amor es paciente. El amor es amable. El amor es bla-bla-bla". Tu mente divaga. Comienzas a preguntarte si los Dodgers ganaron anoche y recuerdas que tienes que pasar tu ropa de la lavadora a la secadora. Pero este chico comenzó a leer como si realmente importara, y como dicen los cuates, "me despertó el trasero como se debe". Él miró a los asistentes y proclamó con una seguridad sorprendente:

—El amor... nunca... falla.

Y se sentó.

Y yo le creí.

Todos los días, decidimos creer en esto de nuevo y sólo queremos "vivir como si la verdad fuera cierta".

Reconozco que yo estaba totalmente reventado en mis primeras y descabelladas épocas haciendo este trabajo con las pandillas. Recorría los proyectos por la noche, tratando de apagar "incendios" ("guarda esa metralleta"; "¿éstas seguro de querer dispararle a ese chico?"). Intentar "salvar vidas" es como el tipo que le da vuelta a los platos en el programa de Ed Sullivan, tratando de evitar que se estrellen contra el piso. Yo buscaba a los que armaban escándalos. ¿Quién estaba a un paso de estallar en mil pedazos? E intentaba evitar a toda costa que ese cuate se autodestruyera. Era algo descabellado y me acerqué al sol, a la inmolación resultante de calcinarme por completo en la ilusión de "salvar" personas.

Me tomé un descanso en 1992, y en la quietud de la meditación y la dulzura de la renuncia encontré un lugar de equilibrio y perspectiva. Encontré consuelo en una historia sin duda apócrifa del Papa Juan XXIII. Supuestamente, él oraba en las noches: "Hoy he hecho todo lo posible por tu iglesia. Pero es Tu iglesia, y pronto me iré a la cama".

Anteriormente, creo que nunca realmente me iba a la cama, pues estaba disponible las veinticuatro horas del día y los siete días de la semana para responder a cualquier llamado, listo para rescatar a los cuates del abismo.

Poco después de regresar de mi descanso sucedió algo decisivo. Pedro, un cuate que trabaja conmigo como administrador de casos, era en aquella época un chico con muchos problemas, con rabia y resentimiento, que se sumergió en la bebida en exceso, el crack y la cocaína. Era uno de los cuates más amables y bondadosos, y desapareció prácticamente en su propio inframundo de abuso de sustancias. Aparentemente, no se daba cuenta de que nos había abandonado a todos. Todos los días lo veía y le ofrecía un tratamiento de rehabilitación, pero me rechazaba suavemente con una dulzura que nunca era defensiva.

—Gracias, G, pero estoy bien.

Nunca dejas de preguntar, y algunas veces prevalece el "no importa qué". Eso sucedió con Pedro. Lo llevé al centro de rehabilitación al norte de Los Ángeles, y comenzó el trabajo largo, duro (y lento) de regresar a sí mismo.

A los treinta días de estar allí, Jovan, su hermano menor, asediado por demonios semejantes y sumido en la misma dependencia química, hizo algo que nunca hacen explícitamente los cuates. Se llevó un arma a la cabeza y le puso fin a su dolor. La mayoría de las veces, los cuates simplemente deciden ponerse a sí mismos en el camino del peligro cuando el panorama se hace más oscuro. Simplemente se adentran en territorio enemigo. Su forma de suicidarse es estando en una pandilla. Y cualquiera que dispare nunca "emprende una misión" (adentrarse en territorio enemigo) con la intención de matar, sino más bien, esperando morir. En aquel entonces, los cuates de Jovan no estaban familiarizados con este nuevo lenguaje tan directo, evitando la danza lenta con el peligro que termina por conducirte al mismo fin.

Llamo a Pedro, y obviamente, está devastado. Pero como lleva treinta días sobrio, permite que el dolor penetre en su esencia y no deja que pierda tiempo, languideciendo en alguna estación distante. Deja entrar a toda la tristeza, y esto es nuevo. Le digo que voy a recogerlo para el funeral y dejo en claro que lo llevaré de regreso al centro de rehabilitación inmediatamente después del funeral.

—Por supuesto, G. Quiero regresar acá.

Asciendo a la cima de la montaña y me siento incompetente, tal como siempre lo hago, acompañando en una pérdida tan inmensa como esta.

Emily Dickinson escribe, "La esperanza es el ser con plumas que se posa en el alma, y sin palabras su canción entona y ya nunca se calla".

He aprendido a confiar en el valor que tiene el simple acto de hacer presencia y de cantar la canción sin palabras. Y, sin embargo, cada vez que me encuentro sentado con el dolor que cargan las demás personas, me abruma mi incapacidad para hacer algo más que quedarme asombrado y estupefacto por el tamaño de la carga, mucho más de lo que se me ha pedido cargar.

Pedro está esperándome afuera, nos damos abrazos y hablamos muy poco. Subimos al auto. Cualquier preocupación que yo tenga sobre lo que debo "decir" se ve minada por la insistencia de Pedro en contarme un sueño que tuvo la noche anterior.

—Era un viaje, y soñé esto anoche. Tú aparecías en él.

En el sueño, Pedro y yo estamos solos en un salón grande y vacío. No hay luces, ni avisos iluminados de salida, ni el más tenue rayo de luz colándose debajo de las puertas. No hay ventanas. No hay luz. Él parece saber que yo estoy con él. Realmente es una sensación, aunque no hablamos. De repente, y en medio de esta oscuridad silenciosa, saco una linterna de mi bolsillo y la enciendo. Encuentro el interruptor de la luz en la pared, y dirijo el pequeño rayo de luz hacia él. No hablo; simplemente dirijo firmemente el rayo de luz. Pedro dice que aunque no intercambiamos palabras, sabe que él es el único que puede encender la luz. Me agradece por tener una linterna.

Se dirige al interruptor, siguiendo el rayo de luz, con lo que supongo, es un poco de inquietud. Llega, respira profundo, y la enciende. El salón se inunda de luz.

Pedro está llorando mientras me cuenta el sueño. Y con una voz producto de un descubrimiento asombroso, dice:

—Y la luz... es mejor... que la oscuridad. Está sollozando, incapaz de continuar. Luego dice:

—Creo que... mi hermano... simplemente nunca encontró el interruptor de la luz.

Pero es suficiente con tener linternas y saber hacia dónde dirigirlas de vez en cuando. Afortunadamente, ninguno de nosotros puede salvar a nadie, pero todos nos encontramos en este salón oscuro y sin ventanas, buscando la gracia y las linternas. Tú la enciendes esta vez, y yo lo haré en la próxima ocasión.

Es el trabajo lento de Dios.

Y tú esperas la luz: Esta luz sorprendente.

6

Jurisdicción

Entrar a mi oficina en el 1916 este de la calle Primera era algo que me tomaba cinco minutos. Pasaba por la escuela de la calle Segunda y veía a los padres sujetando la verja, transfigurados con sus hijos mientras entraban al edificio escolar. No se movían hasta ver que entraran a clase. Cerca de mi oficina, y antes del callejón, estaba el apartamento de Junior. Él, quien tenía más de cuarenta años, tomaba "forties" todo el día. Incluso a las 7:30 a.m., cuando yo llegaba para abrir Homeboy Industries, ya tenía una cerveza larga y fría en la mano. La mayoría de los días lo veía sin camisa frente a su ventana del segundo piso, sin importar el clima. Era delgado y batallador, y a pesar de que durante dos décadas le había ofrecido que se "recuperara", el alcohol no parecía haber eliminado su bondad: la había puesto en salmuera; estaba "ahí", como su torso desnudo, observando el mundo desde el segundo piso.

Un día voy caminando perdido en mis pensamientos y no

lo veo. Y después de pasar por su apartamento y por el callejón, Junior grita a todo pulmón, "TE QUIERO, G DOG". Me detengo de inmediato, al igual que otros transeúntes. Siempre me sorprende la forma tan directa en que la gente y los cuates te dicen que te quieren. Esto era casi desconocido en el entorno irlandés y católico en el cual crecí. Sabías que la gente te quería, pero las palabras nunca expresaban esta certeza. En el barrio, la gente te lo dice. Vuelvo sobre mis pasos y ahora estoy debajo de su ventana, mirando hacia arriba.

—Gracias, Junior. Lo que dijiste fue muy lindo.

Junior me saluda, como dándome una bendición papal para comenzar el día.

—Vamos, G; tú sabes —dice girando su mano en un movimiento circular—. Que tú estás en mi... jurisdicción.

No puedo estar completamente seguro de lo que quiso decir Junior, salvo por el hecho de que todos necesitamos ver que siempre estamos en las "jurisdicciones" de las demás personas, en las esferas de la aceptación. Y sin embargo, hay líneas que son trazadas, y obstáculos que son levantados, con el único propósito de excluir.

El hecho de aceptar personas en mi jurisdicción implica desmantelar lo que he construido para mantenerlos afuera. Algunas veces alcanzamos la noble distancia moral del juicio, alejando de los demás nuestras jurisdicciones protegidas. Esto también es, en gran parte, el problema del pensamiento del grupo de las pandillas. Ellos no pueden ver que los demás residen en la misma jurisdicción. "Nosotros somos los tipos que odiamos a estos otros", es la declaración autodefinitoria de cada pandilla. El desafío consiste en hacer que abandonen el territorio de su pandilla y en reemplazarlo por otro más amplio, incluyente y expansivo, como la visión que Dios tiene de las cosas.

A finales de los años ochenta, las pandillas de los Proyectos de Vivienda de Pico Aliso, básicamente les "Dijeron No" a las drogas. Las vendían pero no las consumían. El consumo de drogas fuertes hacía que sus usuarios pudieran generar conflictos con pandillas con las que había una relación de amistad: si vendías drogas, eso afectaría tu negocio. Había una banda en particular que era la excepción, y su droga era el PCP. Los miembros de esta pandilla subían la colina hacia la Tienda del Reloj, una tienda abandonada con un reloj a punto de caerse que siempre marcaba un poco después de las tres. Vendían esta droga empapando cigarrillos en pequeñas ampolletas, una o dos veces si tenían dinero. Luego regresaban al barrio con sus "Kools" y se drogaban en los confines seguros de su vecindario.

Una noche, Flaco y tres de sus *confreres* van a la Tienda del Reloj, pero en vez de aplazar su gratificación, se drogan allá mismo. Luego toman el atajo a casa, atravesando la autopista 101. Esa noche, cuando llego al hospital, el doctor, que está a un lado de la cama de Flaco, mira al joven de veintiún años que yace inconsciente y da su veredicto.

—Nunca he visto un cuerpo que haya recibido semejante impacto y que viva para contarlo.

Esta era supuestamente una buena noticia. La mala era que el auto le había aplastado la pierna derecha y le había cercenado el brazo izquierdo.

No dormí mucho esa noche, y era claro que al día siguiente estaba "en una mala movida", como dirían los cuates. Apenas me estaba acostumbrando, en esta fase de mi ministerio, al horror diario de cosas desastrosas que siempre parecen ocurrirles a quienes ya están suspendidos de la más delgada de las cuerdas de la vida.

Me dirijo al estacionamiento de la iglesia, camino a Pico Gardens, y veo a un grupo de pandilleros reunidos junto al campanario de la iglesia. Esto no es extraño, pues la iglesia se ha convertido en un espacio de bienvenida para ellos. Esta pandilla es enemiga de la de Flaco. Paso y los saludo, y cuando doblo la esquina, escucho a Gato decir en voz alta, "Me alegro que le hubiera pasado eso a Flaco". Todos estallan en risas.

Me vuelvo con la cara roja de la rabia. La sabiduría convencional al trabajar con pandillas diría que nunca debes poner a un cuate en "la página principal", pero eso me tiene sin cuidado en ese instante. Me planto frente a él y le pongo un "titular de lado a lado".

—Sabes qué, mijito. Te quiero y haré lo que sea por ti, y quiero a Flaco y haré lo que sea por él. —Ahora estoy a un palmo de su nariz y le digo—: Nunca vuelvas… a hablar de ese modo… delante de mí.

Es una confrontación arriesgada, pero estoy demasiado molesto como para que me importe.

—*Spensa*, G —dice con una voz diez años más joven que la que tenía minutos atrás. Algunos de sus compañeros se arrepienten—. Lo sentimos, G. Vamos, G, no te enojes.

Los cuates son buenos para arrepentirse, y malos para contenerse.

Sigo mi camino hacia los proyectos.

He tenido varias situaciones como éstas durante mis dos décadas trabajando con los cuates. En algunas ocasiones, la futilidad y sinrazón de la mentalidad de las pandillas me arrojaron a

Jurisdicción

las garras de la frustración, que se manifestaba en situaciones como la que acabo de describir. A veces no puedes hacer más que lanzar tu puño al aire y ponerte rojo de la rabia.

Al día siguiente estoy saliendo del estacionamiento y Gato está afuera. Me hace señas y yo bajo la ventana.

—Oye, G —me dice—, ¿me llevas adonde mis chicas?

Le digo que se suba y se ponga el cinturón. Siento su deseo de enmendar lo que ha sucedido el día anterior, y me conmueve su iniciativa en ese sentido.

—¿Adónde vas? —me pregunta.

—Al hospital —le digo—, a visitar a Flaco.

Gato no dice nada. Permanecemos en un silencio helado. Su chica vive en Pico Gardens, muy cerca de allí, y el silencio es soportable.

Me agradece cuando llegamos, me aprieta la mano al estilo de los cuates y abre la puerta para bajarse. Escasamente se ha levantado cuando vuelve a sentarse.

—¿Me haces un paro, G? —me dice—. Dile a Flaco que Gato, de la pandilla _____ le dice _Q-vo_ y que espero que se mejore.

—Lo haré —le digo con una sonrisa, realmente admirado por lo que esto representa.

Gato se baja de nuevo del auto y vuelve a sentarse de inmediato.

—Mmm, G —me dice—. Pero... no les digas a mis cuates que yo dije eso.

Le respondo que su secreto está seguro conmigo.

Algunas veces eres lanzado en la jurisdicción del otro, y eso se siente mejor que vivir, como dicen los budistas, en la "ilusión de la separación". Es en este lugar donde juzgamos a los demás y sentimos la imposibilidad de tender puentes. La brecha es de-

143

masiado amplia y el abismo demasiado profundo; los muros se hacen más altos y olvidamos que estamos destinados a ser unos para otros.

En algún lugar, en la zona jurisdiccional donde el juicio solía reclamarnos, surge una comunidad, y las barreras excluyentes son derribadas.

El poeta Rumi escribe, "Cierra tus dos ojos para ver con el otro". Pero encontrar y ver más allá de nuestro sentido de estar separados, nuestra comunidad con el otro, es algo que se obtiene después de un gran esfuerzo.

Cerrar la brecha del juicio mutuo y reemplazarla con bondad es algo realmente difícil.

* * *

Chepe y Richie necesitan salir de la ciudad. No han cometido ningún delito, pero sólo es cuestión de tiempo antes de que reciban el llamado de *Los Más Buscados de América*. Su comportamiento siempre arriesgado y su negativa a ser cautelosos es algo que tiene una fecha de vencimiento. Son de la misma pandilla y caminan por la línea tenue que los separa de serios problemas y de una gran inocencia. Creo que necesitan un cambio temporal de espacio.

Me han invitado a dar varias pláticas en Bakersfield y en Ridgecrest, así que los invito. Nos hospedamos en la casa de mi hermana Maureen en Ridgecrest. Chepe y Richie dormirán en cuartos y camas separadas, y mi hermana les tiene toallas con sus nombres bordados: "Richie" y "Chepe".

Comenzamos nuestro viaje con una cena en Coco's, un res-

taurante de mayor nivel que Denny's, y de menor nivel que...
los demás.

Una mujer muy imponente con un peinado extravagante nos
atiende esa noche. Se para detrás del mostrador de la recepción y
nos mira con el ceño fruncido. Bueno, realmente sólo a Chepe y
Richie, con sus cabezas rapadas, llenos de tatuajes, y con sus ropas anchas típicas de los pandilleros. Yo levanto tres dedos para
indicar el número de asistentes, y ella no suaviza un ápice su
cara de pocos amigos. Le hago toda la mímica. Ésa es la idea.
Tres personas. Se sientan en una mesa. Comen alimentos. Cada
concepto va acompañado de su propio gesto. Sé exactamente la
causa de su malestar, y yo le lanzo una dosis del mío. La juzgo de
manera tan implacable como ella los juzga a ellos (por todas partes hay barreras que excluyen). Finalmente, ella parpadea, toma
tres cartas, sale detrás del mostrador, y nos hace señas para que
la sigamos. Suspira exasperada, sin la menor alegría de que hayamos elegido cenar en ese restaurante. La seguimos por entre
las mesas, y digamos simplemente que parece que ya no estamos
en East L.A. Todos los comensales dejan de hacer lo que están
haciendo, sus cubiertos suspendidos en el aire, y un silencio perturbador desciende sobre el lugar. Todos los ojos se dirigen hacia
nosotros mientras avanzamos titubeando entre las mesas y los
clientes.

Richie susurra, "Todos nos están mirando". Yo mitigo su
preocupación, "No digas ridiculeces".

Pero *todo el mundo* nos está mirando.

Llegamos a nuestra mesa, a las "entrañas" periféricas del lugar, mucho más allá de donde los demás disfrutan de sus platos
hasta que aparecemos nosotros.

—No pertenecemos aquí —susurra Chepe, mientras nos sentamos en la sección de los "proyectos" de Coco—. Deberíamos ir a otro restaurante.

—¿Qué estás diciendo? —señalo, intentando aplacar su paranoia.

—Aquí sólo hay gente blanca y rica —sostiene Richie.

—Sí —aclara Chepe—, sólo personas que comen mostaza Grey Poupon y esas mierdas.

—Relájense por favor. Nuestro dinero es tan legítimo como el de los demás.

Richie se excusa y anuncia con delicadeza que necesita un "LEAKIAZO". Tal vez hubo una o dos personas en todo el restaurante que no lo oyeron decir adónde iba. Mientras tanto, la mesera deposita la tira de menús: El menú especial, el de verano, los platos de parrilla, y el menú clásico de siempre. Cuando Richie se sienta de nuevo, observa la carta laminada que tiene ante sus ojos, y pregunta:

—¿Estas son las cosas?

—¿Las cosas? —le pregunto.

—Sí, ya sabes: "las cosas".

—¿Los menús?

—Basta ya, G —dice Richie suspirando—. Tú sabes que no hablo como un "rico".

Era la primera vez que iban a un restaurante; es decir, la primera vez que se sentaban, que una mesera los atendía, y no tenían que señalar la hamburguesa que aparece en un aviso plástico y luminoso.

Las variaciones alrededor de este tema siempre han sido abundantes. He ido con cuates a restaurantes y ellos han pensado que realmente tenían que limpiar la mesa después de comer. Una vez, un cuate dijo: "¿puedo darle un *tip* a la camarera?" Y cuando ella llegó, le dijo, "Sólo Dile No a las Drogas". Y su compañero añadió, "No corras con tijeras". Los restaurantes son realmente un territorio extraño para un miembro de una pandilla.

Nuestra camarera actúa de manera completamente diferente al recibimiento incómodo y helado que parecemos recibir de todos los presentes. Ella les dice "Cariño" y "Tesoro" a Chepe y a Richie, y les vuelve a llenar los vasos (sin que ellos se lo hayan pedido), una porción extra de esto y de lo otro, y les sirve Tapatio tan pronto se la piden. Es Jesús con delantal.

Posteriormente, cuando nos dirigimos al auto, Chepe y Richie comentan:

—Ella estuvo firme.

—Sí; nos trató como si fuéramos alguien.

Algunas veces tenemos la oportunidad de crear una nueva jurisdicción, una comunidad sorprendente, cuando cerramos los dos ojos del juicio y abrimos el otro para prestar atención. Recordarnos mutuamente que somos aceptables y servir otro vaso y todo el Tapatio que necesites. De repente, nos encontramos en el mismo salón con los demás y todas las murallas desaparecen.

Una de las mayores fuentes de tristeza en el sistema carcelario y en el de la Autoridad Juvenil de California es el alto grado de división que hay entre las razas. Celebro dos misas al mes en un centro multifuncional del centro de recepción de la cárcel para jóvenes de Norwalk (SRCC).

Los prisioneros son llevados a eso de las 6 p.m. y 7 p.m. del día domingo, y se sientan en sillas metálicas plegables. Casi todos son latinos. En mis primeras épocas, mis ayudantes, los que organizaban la misa y hacían las lecturas, eran Jerome (afroamericano), Larry (caucásico) y Juan (latino). Eran muy buenos amigos, y su vínculo parecía trascender de alguna manera las barreras raciales tan estrictamente marcadas en esos lugares. La primera vez que fui, me dieron un sermón sobre mis responsabilidades, y parecieron confundir mi primera misa en la SRCC con "la primera misa de mi vida".

—Tendremos el Ofertorio —explica Larry, como si (y tal como dicen los cuates), este fuera "mi primer asado".

Juan añade: —El Ofertorio es cuando te traemos los regalos —Juan lo dice como si yo no fuera un hablante nativo en ninguna lengua.

—Los regalos —dice Jerome—, son el pan y el vino.

Yo hago como si estuviera tomando nota mental, *Hmmm... pan... vino... ¿tendrías la gentileza de decirme algo más?*

—Y entonces —continúa Jerome—, yo vendré con una jarra y derramaré agua sobre tus dedos —Se inclina furtivamente y emite un susurro—: Para que, ya sabes... puedas limpiar tus iniquidades.

Le digo que logré "restregar" mis iniquidades antes de ir allá, pero que gracias de todos modos.

En una ocasión, Tom Moletaire, el capellán católico, me dice antes de la misa que Juan va a cantar después de la comunión. Nunca hemos cantado, y felicito a Juan antes de la misa. Y cuando llega el momento, él se dirige al micrófono y empieza a cantar a capela.

Es asombrosamente malo. Lo que sale de las entrañas de este joven es una especie de sonido vago que se parece al aullido de un animal. Todos estamos sorprendidos. Miro rápidamente los rostros del par de centenares de presos que hay allí. Se podría decir que ellos pueden ser un grupo difícil. Sienten curiosidad, y el canto es tan malo que la parte de sus cerebros encargada de la risa no recibe el mensaje a tiempo. Parecen estupefactos. La primera misa termina, y trato de evitar cualquier contacto con Juan. No sé con qué palabras describir su canción.

Muy pronto, las sillas son ocupadas de nuevo, y comienza la segunda misa. Ahora, simplemente supongo que Juan no lo intentará por segunda vez. Sin embargo, tan pronto termina la comunión, Juan se dirige al micrófono con lo que no parece ser precisamente falta de confianza en sí mismo. Y logra algo que yo no hubiera creído posible. Canta peor que la primera vez, como un participante eliminado de *American Idol*. De nuevo, la congregación no se ríe ni dice nada, ni siquiera se mueve en sus sillas. Todos están paralizados y casi agonizantes tras semejante disparate. Ahora, no hay forma de evitarlo: tendré que decirle algo a Juan después de misa sin que me crezca la nariz.

—Juan —le digo con mi mano en su hombro, mientras Larry y Jerome describen un círculo alrededor suyo—, ¿sabes algo? Se requiere de mucho valor para LEER delante de las personas, pero se requiere AUN MÁS valor para CANTAR frente a ellas.

Jerome se acerca y pasa su brazo por encima del hombro de Juan.

—Y se requiere DE AUN MÁS valor para pararse y cantar... cuando no tienes la menor idea de cómo hacerlo.

Me preparo para dispersar una pelea, pero los tres caen rápidamente en un ataque de risa, y pronto están en el piso de este centro multifuncional, convulsionando y golpeándose cariñosamente. Buscamos crear comunidades bondadosas de hermandad precisamente para contrarrestar la creciente falta de amor, racismo y barreras culturales que nos mantienen separados.

Tatuajes en el corazón

* * *

En la primavera de 1993, mientras estoy en mi nivel terciario, me encuentro en una isla prisión del océano Pacífico mexicano. Las Islas Marías, el "Alcatraz" mexicano, están a doce horas en lancha de Mazatlán. Los jesuitas están celebrando cincuenta años de servicio durante mi estadía de tres meses. Vivo solo (duermo en un colchón en la sacristía de una pequeña capilla) en una parte remota de la isla, llamada Campo Bugambilias, donde casi ochocientos colonos (reclusos) hacen ladrillos, cuidan ganado, y realizan otras labores manuales. A los hombres se les permite vivir con sus familias en cabañas simples, pero la gran mayoría son hombres solteros que viven en dormitorios destartalados. Hago ladrillos con ellos durante toda la mañana, doy misa en la tarde y juego dominó en la noche. Montamos incluso la Pasión de Cristo, una elaborada obra teatral, durante mi breve estadía. Siempre como con los colonos, y la comida es indeciblemente mala, como sacada de un libro de Charles Dickens. Las "gachas" no le hacen justicia a lo que echan en esos platos. Pierdo cuarenta libras.

Una mañana hacemos ladrillos (que, de paso, significa que jugamos con el barro, lo ponemos en cajones de madera, lo dejamos secar al sol, y luego amontonamos estos tabiques para construir muros). Beto, quien todos los días cotorrea conmigo, me dice que nos encontremos a mediodía en el jardín del teniente.

"Trae tu mochila", debió ser la primera clave de que se presentarían problemas. Beto es tremendo: travieso, gracioso, con treinta y pico de años, siempre queriendo jugar con el peligro, desafiando toda razón. Lo he visto cometer un delito contra el teniente, un hombre increíblemente exigente y rudo, que dirige

Jurisdicción

el Campo Bugambilias. Beto, dicho sea de paso, hizo un papel magistral representando a Pedro en nuestra obra de la Pasión.

Me encuentro con Beto tal como lo había planeado, de pie con mi morral (como un menso, debería añadir) afuera de la casa del teniente. Tiene una linda huerta repleta de todas las cosas que ninguno de nosotros ha probado en mucho tiempo. Beto dice, "Espérame aquí" y salta la verja del jardín. Antes de que yo pueda decirle, "¿Qué chingadera haces?", recoge zanahorias y tomates, pimientos y lechuga. Ha echado zucchinis, berenjenas y un par de limones en su camisa. Yo siento pánico. Ya me han contado cuáles son algunos de los castigos del campo.

Por ejemplo, si un colono se "escapa" a las montañas (salir de la isla es impensable: hay demasiados tiburones), a todo el campo le dan una comida incluso peor hasta capturar al preso, que es conducido al campo, amarrado a una vara, colgado de pies y manos como una iguana, y fuertemente golpeado. Nunca vi algo así, pero las historias son numerosas. Yo solo veo los gritos continuos y las humillaciones públicas que sufren los colonos a manos del teniente.

Estoy haciendo un movimiento involuntario afuera de la verja, mirando en todas las direcciones y suplicando en voz baja, "apúrate, apúrate". Beto salta y llega a mi lado; parece tener siete meses de embarazo, toma mi morral (muchas gracias) y lo llena con los vegetales que ha sacado. "Vamos", me dice, y no tardamos en hacerlo. Corremos como locos hacia un lugar que Beto ha preparado un poco al norte del dormitorio, oculto entre los árboles y los matorrales. Tiene una olla y enciende un fuego. Ha llevado un saco de tela que parece tener vida propia. Esto se debe a la presencia de una iguana viva y muy grande que forcejea adentro. Cazar iguanas también está estrictamente prohibido,

151

y es castigado con golpes de una vara muy larga. Beto saca la iguana, le extrae las tripas y empieza a cocinarla en la olla (y sí, sabe igual al pollo).

Veo cómo maneja con destreza su cuchillo y pela las zanahorias, y corta otros vegetales en cubos y rodajas. Ayudo en lo que puedo, revolviendo la olla, pero básicamente, apartándome de su camino: él sabe lo que hace. Admiro su fervor y el cuidado con el que prepara nuestro caldo de iguana. El aroma por poco me saca lágrimas. No he probado algo tan sabroso y exquisito en mucho tiempo, aunque no tanto tiempo como Beto.

El humo de nuestro almuerzo se escapa más allá de los árboles, y comenzamos a recibir visitantes. Un colono llega y nos pregunta qué sucede. Observo la forma en que Beto tratará al intruso. Le dice al anciano:

—Estamos haciendo caldo de iguana. Siéntate.

Me conmueve la facilidad con la que Beto acepta a este hombre y agrega un poco de agua a la olla. El hombre nos dice que tiene algo en el dormitorio, y poco después aparece con una pequeña bola de papel periódico viejo y arrugado. La desenvuelve y vemos un terrón de sal cruda que ha guardado para el momento adecuado. Beto la agrega a la olla. Poco después aparece otro colono, y Beto añade otro poco de agua y más vegetales. Este recluso va a recoger otro ingrediente que también ha guardado en el dormitorio. Esta vez se trata de un jalapeño ligeramente arrugado. Beto lo corta y lo agrega a la mezcla. Llega otra persona, es aceptada, y va a recoger algo; trae una lata de pasta de tomate pequeña y oxidada. Una vez que logran abrirla, la vierten a la olla.

Cuando la sopa está servida, somos ocho personas aproximadamente. Alcanza para todos y queda tan deliciosa como uno podría pedir. Cada uno ha aportado su sabor a esta olla prohibida de caldo de iguana, y mantener a todos excluidos era impensable para este grupo de prisioneros. Solos no tienen mucho, pero unidos, tienen una olla inmensa de abundancia.

* * *

No hay otra pregunta que me hagan con más frecuencia que, "¿Cómo es tener enemigos trabajando juntos?"

La respuesta es: Casi siempre es tenso al comienzo. Un cuate me pide un empleo, y tal vez yo tengo una vacante en la panadería.

—Pero tienes que trabajar con X, Y y Z —y le nombro enemigos suyos que trabajan conmigo. Él piensa un poco, y dice de forma invariable—: Trabajaré con él, pero no le hablaré.

En los primeros días, esto me perturbaba un poco. Hasta que descubrí que es imposible satanizar a alguien que conoces.

* * *

Voy con Danny y Artie, dos enemigos que he contratado recientemente, a una charla que voy a dar en Oakland. Ellos se encargarán de la mesa y venderán mercancía de Homeboy y Homegirl. El viaje es tenso, pues no se hablan entre sí. Soy el único en hablar, y ellos sólo asienten o aprueban de vez en cuando con un gruñido: "Ajá".

Antes de la charla, estamos en la terraza del hotel, mirando el muelle al lado del agua, cerca de Jack London Square. Permanecemos en silencio, observando la gente abajo, y claudico en mi intento por mantener la conversación.

Hay una dulce pareja de ancianos que seguramente llevan más de cincuenta años casados. Están tomados de la mano. Danny le da un codazo a Artie y señala a la pareja.

—Es desagradable.

—¡Cómo que desagradable! —le respondo—. Es dulce. Es una pareja de ancianos.

—Con todo y eso —dice Danny—, es desagradable.

—¿A qué te refieres? —lo presiono.

—Bueno, es obvio —y Danny señala una vez más a la pareja mientras desaparece de vista—, están bajo la influencia del Viagra.

Es una broma completamente tonta, pero Artie y Danny comienzan a gritar y a batir palmas.

Un trayecto del camino se ha despejado, y ambos deciden avanzar por él. Los ha dividido un muro artificial y absurdo, y una broma increíblemente tonta hace que se desmorone.

Una nota a pie de página: Artie y Danny se han hecho grandes amigos desde hace mucho tiempo, y su amistad tiene que ser mantenida en secreto de sus propios compañeros de pandilla.

Thomas Merton dice, "Descubrimos nuestro verdadero yo en el amor". Nada es más cierto que esto en el caso de Artie y Danny. El amor nunca falla, siempre se ideará la forma de encontrar su camino.

Antes de que Homeboy Industries creciera tanto, yo llevaba a los recién contratados a su sitio de trabajo y les presentaba a sus compañeros.

Astuto parece ansioso de comenzar a trabajar en Homeboy Silkscreen. Él, que tiene veintidós años, me ha asegurado que está listo para retirarse de la vida de su barrio. Se siente cómodo a mi lado mientras camina por la fábrica, saludando con la mano a los que imprimen camisetas o a quienes las recogen cuando salen de la banda transportadora luego de secarse. Incluso los enemigos a quienes saluda lo miran a los ojos.

Hasta que dobla una esquina y ve a Travieso, un hombre de veinticuatro años y de un barrio enemigo. Se miran simultáneamente a los pies, murmuran algo, y ambos mueven sus cuerpos. No se dan la mano. Yo pienso, *Cielos, él acaba de darle la mano a enemigos de todo tipo.*

Poco tiempo después descubro que el odio que sienten mutuamente es profundo. Ese pedo no sólo es cuestión de barrio, sino también personal. Algún delito ha sucedido entre ellos, y la brecha es casi irreparable. Siento todo esto en un instante, incluso antes de recibir más información.

Sus ojos aún están fijos en sus zapatillas Nike Cortez.

—Miren —les digo—, si no pueden trabajar juntos, por favor díganmelo ahora. Tengo una gran cantidad de cuates a quienes les encantaría tener este jale.

Ninguno dice nada, y las cosas se quedan así.

Unos seis meses después, Travieso se encuentra rodeado en un callejón por muchos miembros de una pandilla rival, quienes le dan una golpiza terrible. Mientras yace tendido en el suelo, sus enemigos lo patean en la cabeza hasta dejarlo completamente inmóvil e inconsciente, y entonces se marchan. Alguien lo lleva al White Memorial Hospital, donde le declaran muerte cerebral y lo conectan a un respirador artificial. Los médicos esperan cuarenta y ocho horas para hacer una evaluación precisa, y luego declaran su muerte de manera oficial. Entretanto, sus parientes viajan a Los Ángeles.

Yo estoy dando una conferencia en la Universidad de St. Louis y vuelo a Los Ángeles. He visto muchas cosas horribles en mi vida. Sin embargo, no hay nada que se compare con ver a este chico (con un alma extraordinariamente amable) con su cabeza completamente hinchada. Está respirando. Me cuesta mantener los ojos fijos en él mientras le unto aceite sagrado en la frente y le digo adiós.

Un día después de su muerte, estoy en mi oficina, a altas horas de la noche, y suena el teléfono. Es Astuto.

—Oye —comienza tartamudeando—, eso estuvo mal... lo que le... pasó a Travieso.

—Sí, así es —le respondo, regresando de nuevo a esa zona vacía de mi alma que ha labrado esa tristeza.

—¿Hay algo que pueda hacer? —pregunta Astuto, con una energía extrañamente alta—. ¿Puedo darle mi sangre?

Esta última oferta absorbe el aire respirable de la atmósfera para ambos. Podemos sentirnos temblar mutuamente en silencio. Astuto asume el liderazgo y rompe el silencio, con gran determinación y lágrimas desprotegidas.

—Él... no... era... mi... enemigo. Era mi amigo. Trabajábamos... juntos.

*   *   *

Cerremos los dos ojos y miremos con el otro. Entonces, ya no estaremos cargando con el peso de nuestros juicios persistentes, negaciones incesantes y exclusiones constantes. Nuestra esfera se ha ampliado y nos encontramos, de manera inesperada, en un lugar nuevo y expansivo, en un sitio de aceptación interminable y de amor infinito.

Y todo porque hemos entrado en la "jurisdicción" de Dios.

7

Alegría

Lo que dijo de la poesía el poeta norteamericano William Carlos Williams bien podría aplicarse a la forma de vivir nuestras vidas: "Si no es un placer, no es un poema". Leo Rock, nuestro director de novicios, solía decir, "Dios nos creó porque pensó que nos gustaría".

Tratamos de encontrar un camino para palpar suavemente el tacto de Dios con nuestras huellas. Observamos cómo nuestros corazones empiezan a latir como si fuera uno con Aquel que se regocija en nuestro ser. ¿Y qué hacemos nosotros? Exhalamos el mismo espíritu de deleite en el mundo y anhelamos la poesía.

Recuerdo que me invitaron a un programa de radio hispana en las primeras horas de la mañana. Dura casi las dos horas del trayecto al trabajo, de 7 a 9 a.m. Las personas que llaman me preguntan por las pandillas, y con frecuencia, las madres me piden consejos sobre sus hijos extraviados. "Tenemos una llamada de Yolanda de Inglewood". Las cosas siguen así durante un tiempo.

Casi a las nueve de la mañana, hay otra llamada. "Tenemos una llamada de Filiberto, de Downey".

Pienso: *Filiberto no es un nombre muy común; tengo un trabajador que se llama Fili, y también vive en Downey.*

—Oye, G, soy yo, Fili... Sí... bueno, no me siento muy bien... y te estoy llamando para decirte que no iré a trabajar hoy.

Fili ha escogido un programa radial de llamadas para anunciar que está enfermo.

—Mmm... está bien... Fili —digo sorprendido—. Espero que te mejores.

Repito mentalmente la llamada de Fili una y otra vez mientras me dirijo a casa después del programa y me sumerjo en la plenitud total de no querer otra vida aparte de la mía.

En la categoría de "lo increíble", un cuate le ofrece una excusa a Norma Gillette, quien lleva más años trabajando en Homeboy que nadie, y que en consecuencia, lo ha escuchado todo: el cuate le dice:

—Tengo ceguera anal.

—¿Ceguera anal? —le pregunta ella.

—Sí, realmente no puedo ver a mi trasero trabajando el día de hoy.

Supuestamente, FDR tenía un aviso en su escritorio que decía: "Dejemos que reine la alegría inconquistable". Nuestra búsqueda para saber qué hay en la mente de Dios termina con el descubrimiento de esta misma alegría inconquistable.

A Dorothy Day le encantaba citar a Ruskin, quien nos invitaba a todos al "deber de disfrutar". Era una advertencia, realmente, a estar alertas ante lo divertido y reconfortante, ante lo tonto y lo sublime. Este camino no pasará de nuevo, así que hay un deber de ser conscientes de lo que produce alegría y mantiene la dicha en el centro, gracias a todo lo que nos sucede en un día.

Casi a las ocho de la noche paso frente a la sala de emergencias del White Memorial Hospital. Spider está completamente solo en el paradero del autobús. Lleva un uniforme de color azul pastel, y recién ha salido del trabajo. Es un güero de piel blanca, y su cabello está a medio camino entre un pelón rapado y rastas listas para ser untadas con una buena dosis de brillantina. Lo tiene muy bien recogido debajo de una media de nailon. Lo conozco y sé su historia desde hace poco. Aún no tiene diecinueve años y trabaja de camillero en el hospital, transportando pacientes y equipos, un empleo que consiguió a través de Homeboy Industries. Spider es de una pandilla de Aliso Village, donde él y su hermana se han criado prácticamente solos luego de ser abandonados por sus padres. No sé cómo hicieron para hacerle creer a la Autoridad de Vivienda que vivían con un adulto responsable. Spider y su mujer tienen dos hijos pequeños, y viven en un apartamento en Highland Park; tiene que tomar varios autobuses para ir al trabajo.

—Sube, *dog*. Te llevaré a casa.

Hablamos de muchas cosas, le pregunto por sus cuentas, por el alquiler y cómo le está yendo. Le he ayudado varias veces en este sentido.

—Estoy bien —dice, y luego cambia de tema—. ¿Sabes qué haré cuando llegue a casa? Me sentaré a comer con mi mujer y mis dos morritos. Bueno… no comeré. Simplemente los veré comer. Mi mujer se enoja mucho conmigo, pero no me importa. Simplemente los veré comer. Ellos comen y comen, y yo simplemente los miro y le doy gracias a Dios de que estén en mi vida, y cuando han terminado de comer y sé que están llenos, ENTON-CES como.

Y la verdad... algunas veces sobra comida y otras veces no.

—Tú sabes —me dice, poniéndome la mano en el hombro mientras conduzco—. Es cosa de padres.

El deber de la felicidad está en ver comer a tu familia, en tener la mayor de las gratitudes, eliminando todo sacrificio y dificultades, y absorbiendo todo lo demás. Jesús dice "mis caminos no son tus caminos", pero seguramente podrían serlo. En la sencillez absoluta de respirar, percibimos que estamos inclinados por naturaleza al deleite y a permanecer dedicados a la alegría. Nos regocijamos en el gozo absoluto de Dios, y lo damos con la misma alegría ante quien esté frente a nosotros. Olvidamos que ésta es una parte fundamental de nuestra naturaleza.

* * *

Pasaron sólo treinta días desde que mi padre fue diagnosticado con un tumor cerebral hasta su muerte. Habíamos notado en la mesa del comedor, durante un fin de semana, que mi papá tenía caído un lado de la cara. Pronto le hicieron exámenes en el hospital St. Vincent. Pasó separado varias noches de mi mamá, algo raro en sus cuarenta y ocho años de matrimonio. Uno de esos días voy a recoger a mi mamá. Mientras espero afuera, ella sale con muchas revistas y bolsas y con una almohada larga con una funda de flores. Yo le ayudo con las cosas, e intento hacer lo mismo con mi comentario:

—Mamá, en el hospital hay almohadas.

Ella hace un gesto y suspira profundamente.

—Ay Dios... tu padre... me pidió que le llevara MI almohada.

Alegría

Subimos al auto.

En el hospital, mis padres se saludan como acostumbran: Con un beso en ambas mejillas. Dos pájaros recogiendo las últimas semillas. Mi mamá va al baño y yo estoy en la ventana de la habitación, un poco al norte del espaldar de la cama. Me dispongo a hacer un comentario sobre la vista, pero me doy vuelta y veo que mi padre se ha puesto la almohada sobre la cara. Respira de manera muy profunda y luego exhala mientras coloca la almohada debajo de su cabeza. Durante el resto de la mañana, lo veo darse vuelta y disfrutar de nuevo del aroma de la mujer cuya cama ha compartido durante casi medio siglo. Respiramos el espíritu que se complace en nuestro ser: La fragancia de él. Y obra en nosotros. Entonces exhalamos (puesto que el aire tiene que irse a algún lugar) para aspirar el mundo de este mismo espíritu de gozo, seguros de que esa es la única agenda de Dios.

Sin embargo, queremos asegurar nuestras apuestas. Libramos una batalla contra las diferentes interpretaciones de la agenda oculta de Dios. Lo que parece irritarnos es nuestra tendencia a conjurar un Dios pequeño. Recuerdo que llegué a una reunión de CEB (comunidad de base) en mis primeros días en Dolores Mission. Mi español era menos fluido que ahora. Cuando llego, Lupe, una mujer mayor, fuerte y con influencia en el grupo, tiene un pequeño folleto en sus manos. Es un mensaje de la Madre Bendita, ¡y vaya si está molesta! Dice que supuestamente hubo una aparición en Nueva Jersey. Una mujer está calentando una tortilla, y cuando le da vuelta, ¡Ay, Dios mío!, aparece una imagen de La Virgen en toda su gloria. Aparte de los planes inminentes para construir una catedral en esa cocina, María ha llegado con un mensaje. El pequeño folleto lo explica todo, de manera que Lupe nos tiene como rehenes y ha desviado por completo el tema de la reunión. Nos dice que María nos va a dar una reprimenda, que no está contenta en lo más mínimo con la situación del mundo y que todos iremos al infierno. Esto es lo esencial. Pierdo esperanzas de retomar el tema inicial, pues no tengo la fluidez ni el mando de Lupe. Ella nos mantiene subyugados durante un tiempo, hasta que Socorro, una anciana respetada y "mujer de la iglesia", sacristán y alma generosa, pidió la palabra. Levanta delicadamente el dedo en el aire, pidiendo ser escuchada. En ese momento, el único poder que tengo en el grupo es permitirle hablar.

—Bueno; ustedes saben —comienza a hablar con una fortaleza plácida y un tono humilde—. Soy de un ranchito en México. Nunca fui a la escuela. No sé leer. Y ciertamente no puedo leer ese folleto que has traído a la reunión. —Hace una pausa, como si fuera a encender el otro motor. Se prepara y mira fijamente a Lupe—: Pero te digo una cosa, Dios no es así.

Socorro conocía una faceta opuesta de Dios, quien con toda seguridad, está demasiado ocupado en complacerse con nosotros como para querer enviarnos al Hades. Socorro sabía esto con una certeza inquebrantable (y debería añadir, con una pizca de alegría inconquistable).

Socorro se encuentra, como dice Bill Cain, "viviendo dentro de la blancura de Dios". Esta es la unión íntima y llena de promesa de la hermandad que se nos ofrece a cada segundo. El poeta Hafez dice, "Estamos contentos con tu fantasma. ¡Oh, Dios, qué lastimosamente pobres son nuestras aspiraciones, y qué tan separados y distantes estamos de la unión!" Está bien aspirar a la unión alegre y placentera que se nos ofrece a cada momento aquí y ahora. Woody Allen dice, "No le temo a la muerte, simplemente no quiero estar ahí cuando suceda". Sin embargo,

Alegría

todo en este lado de la muerte está "solicitando el honor de nuestra presencia" para que podamos deleitarnos en la gozosa y sorprendente poesía de la vida.

* * *

Moreno trabaja actualmente en la sala de recepción de nuestra sede recién inaugurada. Tiene alrededor de veinticinco años, es padre de dos hijas y trabaja en Homeboy desde hace seis años. Lo he visto crecer de manera inconmensurable hasta transformarse en un trabajador responsable y maduro (si hay un campo para un crecimiento adicional, es en su lenguaje. Siempre estoy tratando de corregir su tendencia a ser mal hablado. Él también lo está intentando). No hace mucho me dejó un mensaje: "Oye, G, sí, soy yo, Moreno y ¡mierda!... es decir, *spensa*, soy yo, Moreno, y ¡HECES!". Creo que todos podemos coincidir en que hay un progreso). Era un chico de baja estatura y delgado cuando lo conocí hace varios años por medio de uno de sus cuates. Había abandonado la escuela básica y estaba adelantando su proceso de socialización en las calles. Su mamá no lograba hacer que estuviera en la casa ni en la escuela, y tenía una mala relación con su padrastro. Era un chico típicamente incapaz de encontrar un poco de entusiasmo en su vida. El placer era como un país extraño, digamos que como Mozambique. Él siempre intentaba demostrarte que estaba "completamente relajado" como para emocionarse. Una vez lo llamo y le pregunto qué está haciendo. "Aquí ando: *blaséing it*"*. Yo me gradué de una licencia-

---

*Blasé; adjetivo que significa displicente. El joven lo utiliza como verbo, lo cual supone un neologismo con significado confuso (N. del T.).

tura en inglés, y no sabía que uno pudiera hacer eso con la palabra *blasé*.

La vida de las calles finalmente le pasa factura a Moreno, y es arrestado. Después de una estadía muy breve en el Salón Juvenil, es enviado a un "lugar apropiado" y no a un campo probatorio. Días después de llegar a este campo localizado en el condado de Orange, se registra en la escuela secundaria, y dos semanas después me llama.

—Oye, G, secuéstrame. No tengo ropas, y tú sabes, mi jefita, ella no tiene dinero. Así que, secuéstrame, ¿sí?

Él sabía que en Homeboy teníamos un programa llamado "Nueva Imagen", en el que les compramos ropas a miembros de pandillas que son dejados en libertad, lo cual les permite cambiar sus enormes Ben Davis por Dockers que más o menos les queden bien. Hago los preparativos con mis empleados para "secuestrar" a Moreno el próximo sábado.

Lo recojo, y se hace aparente de inmediato que él ha decidido darlo todo por el "Movimiento Blaséing". Sin importar lo que yo diga, no puedo disuadirlo de que diga otra cosa diferente a "lo que sea".

Obviamente, le pregunto por la escuela.

—Guau, dog, es decir, felicidades. Vas bien; estás estudiando de nuevo después de todos estos años. ¿Cómo te sientes?

Moreno se encoge de hombros, ni siquiera puede musitar un "lo que sea".

—Vamos, hijo, debes tener una materia preferida.

—No.

—¿Qué tal el inglés?

—Lo detesto.

—¿Las matemáticas?

—Son lo peor.

—¿Te gusta la historia?

—Es insoportable.

—Tiene que haber algo que te guste… ¿alguna… ciencia?

Estas últimas palabras parecen ser nada menos que una picana para ganado. Si no fuera por el cinturón de seguridad, estaría sentado sobre mí.

—CHINGAO, G: BIOOOOLOGÍA. ESA ES LA BOOO-OOMBA. —Y acto seguido comparte su alegría conmigo—. Mira, *dog* —continúa—, ¡El lunes vamos a DIGERIR una rana!

Por poco causo un accidente de tránsito.

Después de haberme divertido mucho, le digo:

—Bueno, realmente, mijo, no es digerir una rana, si no *diseccionar* una rana.

Moreno retoma el *blasé*.

—Sí, bueno, lo que sea… el lunes vamos a chingar a una rana.

La poetisa Mary Oliver dice: "Todas las cosas son invenciones de la santidad; algunas son más pícaras que otras". Hay una poesía mágica en un chico marginal descubriendo la biología. Moreno es más santo al ser pícaro con respecto a eso.

Hace un tiempo, a finales del siglo XX, y durante una elección general, algún experto intentó comparar y contrastar a Bill Clinton, Al Gore, y George W. Bush. Dijo que Bill Clinton entra a un cuarto y quiere agradarles a todos los que están allí. Al Gore entra a un cuarto y quiere que todos piensen que él tiene la razón. "W" entra a un cuarto y quiere que todos sepan que él está al mando. Todos sentimos estas cosas en un momento o en otro, porque son reacciones basadas en el miedo, y es difícil dejar ese miedo atrás. Nuestro "yo" asustado sólo quiere agradarle a los reunidos, que estén de acuerdo con nosotros, o que se sientan intimidados por nosotros. Supongo que Jesús entra a un cuarto y ama lo que encuentra allí. De hecho, se regocija en ello. Tal vez haga que se vaya derechito adonde los marginados y decida ir allá donde el amor no ha llegado. Sus caminos no son los nuestros, pero realmente deberían serlo.

Hemos crecido acostumbrados a pensar que es difícil amar como lo hace Dios. Pensamos que se trata de una presión y de una obligación moral. Asumimos que requiere una fuerza espiritual de la que no somos capaces, una gran dosis de sacrificio y un poco de culpa. (Pero, después de todo, fue el amor lo que hizo que la cruz fuera salvífica, y no la tortura padecida en ella).

He llevado un registro informal de lapsos divertidos que tienen los cuates en todos los campos de detención donde he celebrado la Eucaristía. Son momentos en que los cuates se ponen de pie para leer, encuentran una palabra desconocida y la reemplazan con otra que conocen y no con la que debería ser. Algunas veces se trata del lapso usual. "Una lectura de la carta de Pablo a los filipinos". Ellos no saben qué es un gentil, pero tienen un poco de familiaridad con "genitales". (Pueden intentar esto: vayan a los Hechos de los Apóstoles y reemplacen siempre "gentiles" por "genitales": el libro cobrará una vida inusual. El Salmo 23 se leería así: "me guía lejos de las aguas turbias". Ellos conocen el resentimiento, pero deberían optar por el sosiego y la calma.

Los lapsos verbales de los cuates no se limitan a las celebraciones litúrgicas. Un cuate que estaba viviendo una época difícil en términos económicos me llamó una vez y me dijo: "la situación está tan mala, que tuve que ir a comer al Starvation Army"*. Otro cuate necesitaba asistencia legal: "Oye, G, ¿crees que podrías conseguirme un abogado gratis? Ya sabes, uno que haga el trabajo legal, Sonny Bono". Un cuate de mi oficina me escribió un mensaje telefónico: "El profesor Davis de UC Irvine quiere que des una charla. SERÁS CONSTIPADO"**. Fui donde el cuate, quien aparentemente tenía poderes para predecir el futuro, y me sentí aliviado al descubrir que yo sería "compensado".

Mi lapso favorito sucedió en el Dorothy Kirby Center, un centro de confinamiento para jóvenes de ambos sexos. Un chico afroamericano de dieciséis años llega temprano a la pequeña capilla y quiere practicar su lectura antes de la misa. Se trata del salmo responsorial, cuyo refrán es, "El Señor es mi pastor, nada me falta". La voz de Olivier llena cada rincón de la capilla. Es magnífico. Recorre el salmo con una ausencia de inhibición, leyendo los versos y luego señalando a la congregación (con un enérgico gesto de la mano), que no ha llegado todavía, el momento en que tienen que hacer coro con él: "El Señor es mi pastor, nada me falta". Pronto, la iglesia se llena y la misa comienza. Nuestro chico se acerca para leer el salmo responsorial. No hay nada en él que me obligue a observarlo con cuidado. No se puede decir que esté nervioso: Justamente lo contrario. Se siente totalmente confiado y actúa como si le hubieran pedido que quitara una malla. Parece querer maximizar el contacto visual. Cree haber practicado

---

*El Ejército del Hambre. El joven confunde Starvation Army (Ejército del Hambre) con Salvation Army, "Ejército de Salvación" (N. del T.)

**El lapso del empleado consiste en decir "constipated" (constipado), en lugar de "compensated" (compensado) (N. del T.)

lo suficiente y habérselo aprendido de memoria. Y entonces hace un movimiento exagerado con la mano para conducir a nuestra pequeña congregación: nuestra respuesta al salmo de esta tarde es: "El Señor... es nada que yo quiera". Los voluntarios se "encogen y revuelven" con su lenguaje corporal para corregir el error. Pero es demasiado tarde. La congregación le replica en voz alta a nuestro líder: "EL SEÑOR ES NADA QUE YO QUIERA".

Debido a lo que creemos que Dios nos pide, nuestro mantra bien podría ser algo así como: "El Señor no es nada que yo quiera". Pero la labor en cuestión consiste sólo en regocijarnos con alegría, en sentirnos cómodos y en podernos relajar. Juan, 3:16 es mostrado en grandes avisos en todos los eventos deportivos televisados: "Sí, Dios amó tanto al mundo...". Sin embargo, la palabra más electrizante, totalmente afirmante y que cambia la vida en toda esta frase es el "Sí". Habla de un alineamiento con el "sí" de Dios, decidiendo que realmente está allá, todo el tiempo, cuando aflora el deleite. Así pues, y como termina la carta de Santiago, "deja que tu 'sí' signifique 'sí'".

* * *

Un día, estoy buscando que un cuate le lleve un mensaje a otra persona dentro del edificio. Miro desde mi escritorio y veo a dos cuates en el "pozo" (la zona de los computadores de la antigua oficina que queda abajo, donde reciben las llamadas telefónicas y procesan la información). Veo a Mario y a Frankie, dos cuates grandes, observando la pantalla de un computador y trabajando (aunque la palabra trabajo pueda ser demasiado contundente). Me dispongo a llamar a Frankie para pedirle el favor, cuando veo que se inclina sobre el pecho de Mario, respira de manera muy profunda, y exhala satisfecho.

—Frankie, ven acá un minuto —le grito desde el santuario de mi oficina. Él se sorprende y se acerca avergonzado. Le entrego el mensaje y le digo que vaya a la oficina de ayuda financiera. Se dirige a la puerta para salir, pero se da vuelta, avergonzado y temeroso.

—Mmm, G... ¿tú me viste... hace un momento... ya sabes... oliendo a Mario?

Reconozco que así es.

—Rayos —exclama Frankie—. Es decir, es sólo que... bueno... que huele tan BIEEEEN. Es decir... a todos los cuates... nos gusta su loción.

Respirar y exhalar. El Señor es todo lo que yo quiero. Un sí significa sí. Queremos estar ahí cuando llegue la poesía. Dios le dice a Isaías: "Llénate de gozo y alegría para siempre por lo que voy a crear... porque voy a crear un pueblo que se regocije en sí mismo". Dios piensa que debemos disfrutar de nosotros mismos. Disfrutar es algo que ocupa a Dios, y Él espera que nosotros nos unamos. Que la alegría de Dios pueda estar en nosotros y que esta alegría pueda ser completa. Simplemente sucede que nosotros somos la alegría de Dios, y tardamos un tiempo en acostumbrarnos a eso.

* * *

León Dufour, el famoso teólogo jesuita y experto en las Escrituras, le confesó a otro jesuita que lo estaba cuidando un año antes de morir a los noventa y nueve años: "He escrito tantos libros sobre Dios, pero, a fin de cuentas ¿qué sé realmente? Después de todo, creo que Dios es la persona con la que hablas, la que está frente a ti". Un mantra que repito a menudo me mantiene concentrado en el deleite de quien está frente a mí, y que proviene de un lugar improbable. Veo esto en las palabras de Jesús al buen ladrón crucificado a su lado. Él le dice básicamente: "Este día... conmigo... en el paraíso". No sólo es una promesa de lo que está por venir; sino una promesa del aquí y el ahora... con Él... en este día, de hecho... en el paraíso.

Thich Nhat Hahn sostiene que, "Nuestro verdadero hogar es el momento actual; el milagro no es caminar sobre el agua, sino caminar por la tierra verde en el momento actual". Los antiguos padres del desierto repetían una palabra una y otra vez cuando estaban desconsolados y sin esperanza, como una especie de mantra balsámico. Y la palabra no era "Jesús" ni "Dios" ni "Amor". La palabra era "Hoy". Hacía que ellos estuvieran donde necesitaban estar.

Regreso de un viaje después de dar una conferencia, y Marcos está sentado en la sala de recepción. Gus, que está en la entrada me dice:

—Lleva como tres días esperándote.

Marcos me saluda y me transmite una primicia: —Mi hijo nació mientras estaba de viaje.

—¡Qué bien, mijo! Dime, ¿cuándo nació?

—¡EN EL DÍA DE SU CUMPLEAÑOS!" (*Guau,* pienso yo, *¿será posible tal cosa?*)

Dios, justo aquí, en el día de hoy, en la persona que está frente a mí, alegría inasible, contemplando este día, el Paraíso. Nos regocijamos ante lo que tenemos hoy en Cristo. Richard Rolheiser escribe que, "lo contrario a la depresión no es la felicidad, sino el deleite". A fin de cuentas, respiramos el Espíritu que se deleita en nuestro ser. No respiramos en el Espíritu que simplemente soporta nuestro caos. Se trata ante todo del deleite.

Antes de que los proyectos de Pico Gardens fueran demolidos para volver a reconstruirlos, los dos lugares más representativos eran "la primera y la segunda zona de juegos". Éstas eran zonas básicamente para que los niños jugaran, aunque los juegos de barras parecían traídos de Mogadisco, y la hierba nunca tenía un color diferente al amarillo. "Nos vemos en la segunda zona de juegos", se escuchaba con frecuencia. "Entraron a la primera zona de juegos y comenzaron a disparar", también era (desafortunadamente), algo que se escuchaba a menudo.

Una noche de verano voy en mi bicicleta y llego a la segunda zona de juegos. Todavía hay luz, y pronto estoy rodeado de cuates de este barrio. Me siento en la bicicleta y escucho a los cuates bromear interminablemente: la verdad sea dicha, ésta es la principal ocupación de todos los miembros de pandillas. Hay ocho reunidos aquí, las bromas van y vienen, y nadie es arrestado. En un segundo, Menor, uno de los cuates (recién reclutado) señala un cable telefónico arriba de los apartamentos (las zonas de juego están rodeadas de apartamentos de dos pisos, demarcando las zonas de juego en formas cuadradas).

—Mira, G, UN BÚHO.

—SÍ, UN MALDITO BÚHO —dice otro.

—En los proyectos —señala un tercero, bajando nuestro volumen colectivo hasta convertirlo en un susurro, como señalando que hemos entrado a una catedral.

Y claro, allá está el búho más grande que uno pueda imaginar, descansando sobre el cable telefónico un poco arriba del apartamento de Lupe Loera. Permanecemos observando a esta criatura anómala que ha decidido visitar el sector más pobre de

Tatuajes en el corazón

Los Ángeles, y donde menos búhos se esperaría encontrar (las palomas y los ratones suelen ser nuestra única forma de vida silvestre). Estamos boquiabiertos, y el silencio es mantenido sólo en breve, pues Psycho le susurra a Menor.

—Trae el arma.

—No —interviene Gonzo, tocándole el brazo a Menor. Es el que da las órdenes y "las hace cumplir"—. No —dice Gonzo, con la autoridad de un líder tribal—. Dejémoslo.

Nadie quiere hablar en voz alta ni hacer movimientos bruscos. Nadie aparta sus ojos del búho, por más que a alguien del grupo se le ocurra decir algo.

—Es una señal —dice uno.

—De Dios —añade otro.

—¿Qué significa, G? —pregunta Menor, el "cachorro con los ojos abiertos" de esta camada.

Me acerco a él y le digo en un susurro que todos pueden oír:

—Es Dios diciendo que depongan sus armas, amen a sus enemigos y trabajen por la paz.

La protesta en coro por poco hace que el búho salga volando.

—Crees que todas las señales significan eso —replica Gonzo.

Permanecemos allí mientras otros se unen a nuestra vigilia en el templo de la adoración de este animal. Reina el silencio como no lo he sentido en ninguna de las misas que he dado, hasta que el asombroso búho despliega sus alas y emprende el vuelo (sospechando sin duda, que Psycho y su arma no podrán ser contenidos por siempre). El ave sale volando de forma majestuosa y en cámara lenta, desapareciendo de nuestra vista detrás de la gigantesca torre de la fábrica de maíz que hay frente a los proyectos. Hoy. Este día. Un búho. La segunda zona de juegos. Juntos experimentamos esto, y nos parece que es el Paraíso.

Alegría

* * *

Llevo a Israel y a Tony a la parroquia de Cristo Rey en Los Ángeles. Voy a hablar después de la comida comunitaria, y mis dos asociados tratarán de vender toda la mercancía de Homeboy y Homegirl que hemos traído. Pero primero tienen que ir a la misa que daré a las 5:30 p.m., el día sábado. De regreso a casa, me divierto con Tony, quien está impactado con los conocimientos litúrgicos de Israel, que aparentemente, ha respondido todas sus preguntas.

—Que el Señor esté contigo.

—Y con tu espíritu —replica Israel con seguridad.

—Levantemos el corazón.

—Lo tenemos levantado hacia el Señor.

No se pierde una sílaba de la respuesta de Israel. Tony lo mira sorprendido. Esto sucede durante toda la misa, y Tony sigue mirando y maravillándose ante la destreza en este protocolo litúrgico.

—Déjanos anunciar el misterio de la fe.

E Israel le devuelve el balón, con los ojos vendados y las manos atadas a su espalda.

—Cristo ha muerto. Cristo ha resucitado. Cristo vendrá de nuevo.

Y Tony ya no puede resistir más.

—Oye —dice, inclinándose hacia Israel y susurrando—, ¿por qué sabes todo esto?

—Por la cárcel de jóvenes, tonto.

Si Tony hubiera sido detenido por tantos casos como Israel, también sería el feligrés del año.

A medida que nos regodeamos en la atención de Dios, nuestros ojos se adaptan a la luz y comenzamos a ver tal como lo hace Dios. Entonces, y de manera muy inesperada, descubrimos lo que Mary Oliver llama "la música sin sonidos".

Este postulado esencial del budismo sostiene que podemos cambiar el mundo si antes cambiamos nuestra forma de verlo. Los padres que participaron en el Concilio Vaticano II, simplemente decidieron cambiar las palabras iniciales de su innovadora encíclica: "Gaudium et Spes". Originalmente hablaba del mundo con palabras como: "El dolor y la angustia..." pero decidieron reemplazarlas por, "La alegría y la esperanza..." Ellos no recibieron información nueva, y el mundo no había cambiado súbitamente; simplemente decidieron, de un momento a otro, ver el mundo de un modo diferente. Ellos no adoptaron súbitamente el pollyannaísmo*; simplemente se pusieron un nuevo juego de lentes.

Uno de mis ejemplos favoritos en ese sentido es el de Lorenzo, un cuate de dieciséis años, y sin duda alguna también un budista en ciernes. Se sentó en una silla frente a mi escritorio, y cuando lo miré, vi que tenía arañazos en toda su cara y sus brazos estaban llenos de raspaduras. Estaba muy golpeado, y yo pensé que se había encontrado con sus rivales.

—Dios mío —le digo—, ¿qué te pasó?

Lorenzo, desenfadado y despreocupado, señala sus numerosas heridas y costras, y las desecha con una sonrisa.

—¿Ah, esto? Mi bicicleta me estaba enseñando a volar.

Eso es música sin sonidos.

----

*Derivado de Pollyanna, personaje y novela del mismo nombre, de la autora Eleanor Porter. Pollyanna y el "pollyannaísmo" encarnan el optimismo ciego y excesivo. (N. del T.)

Alegría

Un sábado por la mañana, varios miembros de una pandilla rival, sus caras ocultas bajo máscaras de esquiar, entran a una parte de los proyectos donde están seguros de sorprender a algunos rivales. Pasan por una esquina y ven a tres hermanos disfrutando del sol afuera de la puerta de su cocina. Es claro que los dos mayores, Rickie y Adam, de veinte y dieciocho años, son el blanco de los invasores enmascarados, pero en la confusión propia de la balacera, Jacob, su hermano menor de doce años, y quien no está en ninguna pandilla, es alcanzado por ellas, alterando de manera inconmensurable y para siempre las vidas de sus hermanos.

Yo conocía a esta familia desde 1984, y la forma casi imperceptible en que los hermanos mayores se aventuraban en la vida pandillera, para luego regresar a territorios más seguros. Finalmente, fueron sorprendidos, y la muerte de su hermano menor, debido a una bala marcada con otros nombres, se convertiría durante algún tiempo en una herida penetrante y perdurable.

Los contraté a ambos poco después de la muerte de su hermano, y trabajaron en la división de Mercancía Homeboy, vendiendo camisetas, pocillos, *mouse pads* y otros artículos que tenían el logo de Homeboy. Trabajaban de cerca con enemigos, incluso con aquellos que pertenecían a la pandilla seguramente responsable por la muerte de su hermano.

Voy a dar una charla en San Francisco y los invito, creyendo que un cambio de escenario les hará bien. Se emocionaron mucho —pero también se confundieron por completo— al descubrir (tan pronto llegamos al aeropuerto) que viajaríamos en avión y no en auto. Creí haberles explicado esto con claridad. Al ver su pánico, decido no calmarlos, y más bien, me paro debajo de una de las alas del avión de Southwest Airlines (en el aeropuerto de Burbank los pasajeros caminan por la pista y suben al avión), y miro consternado.

—Ah, oh —digo mientras se apresuran a mi lado y me preguntan casi sin aire.

—¿Qué? ¿Qué?

—No sé… ¿Hay una grieta en el ala o me estoy imaginando cosas? —pregunto.

Ellos tardan un poco en darse cuenta de lo que estoy haciendo, y dicen en un coro fraternal: —No es cierto. ¡Maldición! No hagas eso.

* * *

Subimos las escaleras y nos dirigimos a nuestros asientos. Antes de ver las tarjetas de emergencia laminadas, Adam piensa que se trata del menú de la comida y que estamos volando a bordo de un Denny's. "Dos oxígenos en las rocas, por favor, cuando puedas", le dice a la "camarera", quien afortunadamente no lo escucha. El piloto habla por el micrófono con la monotonía propia de ellos. "Estaremos viajando a una altitud de, etc… gracias por volar con Southwest Airlines". Muevo la cabeza con fuerza y digo:

—Odio eso.

Y de nuevo, se dan vuelta y repiten el mantra: —¿Qué? ¿Qué?

—Bueno —les digo—. Son las 10 a.m., y creo que el piloto ya se ha tomado un par de cervezas —mientras hago un gesto con la mano.

—Bien…ya…basta.

Ahora parecen comprender más rápidamente.

—Bueno, lo que quiero saber es, ¿dónde están los paracaídas? —pregunta Adam, buscándolos por todos lados.

—No hay paracaídas —le digo con toda seriedad.

—¿NO HAY PARACAÍDAS? —replica casi chillando—. ¿Y qué se supone que debemos hacer si ESTA MIERDA CHOCA?

Yo le respondo como si estuviera dopado.

—Les diré qué hacer en caso de un accidente. —Ellos no podrían estar más atentos—. ¿Ya se abrocharon los cinturones de seguridad? —Miran y asienten con seriedad—. Está bien, ahora inclínense hacia delante. —Ellos obedecen de inmediato—. No; tienen que inclinarse tanto como puedan. ¿Eso es todo lo que pueden inclinarse?

Están tan abajo que escasamente puedo ver que asienten con sus cabezas.

—Está bien —digo en tono firme y calmado—, ahora… si pueden alcanzar… despídanse de sus traseros con un beso… porque es lo único que podrán hacer si este avión se cae.

Ellos ni siquiera pueden creer que les haya tomado el pelo de una forma tan atroz.

—Qué gacho, eso… no… está… bien —dicen.

El despegue (como siempre sucede con los cuates que vuelan por primera vez) transforma a estos pandilleros curtidos en ancianas montando en la montaña rusa. Como es usual, suspiran, se agarran y se persignan profusamente. Adam y Ricky no pueden apartar sus ojos de la pequeña ventana que hay a su derecha, y exclaman varias veces, "Oh, Dios mío", y "Esto está bien". El terror se transforma en maravilla y luego en paz. Nos traen las gaseosas y el maní, y ellos se sienten especiales (posteriormente les cuentan a sus compañeros de oficina, "¡incluso nos dieron

maní!"). Luego, después de ganar altura, Ricky le da una palma-
dita en el pecho a Adam, ambos miran las nubes, y le susurra,
"Me encanta hacer esto contigo, hermano".

La vida, después de una pérdida indescriptible, se hace poesía
de nuevo. Dos hermanos juntos y abrazados, deleitándose con la
vista desde allí.

Thomas Merton escribe, "No hay una desesperanza que
pueda alterar la realidad de las cosas, ni manchar la alegría de
la danza cósmica que siempre hay allá... somos invitados a olvi-
darnos de nosotros mismos deliberadamente, a arrojar nuestra
terrible solemnidad al viento y a unirnos a la danza general".
La danza cósmica simplemente sucede siempre, y querrás estar
allí cuando suceda. Está allí, en el nacimiento de tu primer hijo,
en el acto de bromear interminablemente, en ver comer a tu familia, en una sorpresiva aparición de un búho, y en una rana
"digerida". Las invenciones y facetas de la santidad abundan:
hoy, esperando la atención de nuestro deleite. Sí, sí, sí. Dios amó
tanto al mundo que creyó que nosotros encontraríamos poesía
en él. Música. Sin sonidos.

8

Éxito

Las personas quieren escuchar historias exitosas, y yo entiendo esto. A fin de cuentas, son las historias que queremos contar. ¿Por qué entonces se me eriza la piel cuando me preguntan esto? Con toda seguridad, una parte se debe a que estoy totalmente convencido de que soy un fraude.

Me parece que la reflexión que hace Bill Cain sobre el Sudario de Turín es muy consoladora. Él prefiere los fraudes. "Si el sudario es un fraude, entonces es una obra maestra de arte. Si es auténtico, sólo es ropa sucia".

Veinte años en esta labor me han enseñado que Dios se consuela más invirtiendo las categorías que yo. ¿Qué es el éxito y qué es el fracaso? ¿Qué es el bien y qué es el mal? ¿Retroceso o progreso? Actualmente, se hace una gran inversión, especialmente en organizaciones sin fines de lucro (¡y quién puede culparlos!), en resultados basados en evidencias. Las personas, y especialmente los financistas, quieren saber si lo que haces "funciona".

A fin de cuentas, ¿eres exitoso? Naturalmente, yo me siento

reconfortado por lo que dice la madre Teresa: "No somos llamados a ser exitosos, sino a ser fieles". Esta distinción es útil para mí a medida que me resguardo del horror de los reveses. Necesitamos protección del flujo y reflujo de tres pasos adelante, y cinco atrás. Todos los días tropezamos con la decepción y la obstinación, y todo se convierte en un lío. Creo que Dios intenta que así sea, pues cuando decides mantenerte con personas que cargan con un peso mayor del que pueden soportar, todas las apuestas tienden a desaparecer. Desear el éxito impide que seamos fieles, y que realmente veamos quién se sienta frente a nosotros. Algunas veces, lo mejor que puedes hacer es adoptar una estrategia y un enfoque en el que puedas creer en un día cualquiera. Si renuncias a tu necesidad de resultados y logros, el éxito se convierte en la tarea de Dios. Creo que el simple acto de ser fiel ya es suficientemente difícil.

En el primer capítulo mencioné a Scrappy, a quien contraté para la cuadrilla de graffitis. Él fue quien, en una encarnación anterior, me sacó una pistola y se arrepintió de la fama que pasó veinte años construyendo. Pocos meses después de trabajar con nosotros, fue asesinado a las 5:30 de la mañana mientras borraba un graffiti en Boyle Heights. Los detectives me dejaron cruzar la cinta amarilla para darle la bendición. "Debió ser asesinado", me dice el detective mientras levanta la cinta y yo paso por debajo de ella, "por la pandilla cuyo graffiti estaba borrando". Y yo pienso, *no me parece probable,* al ver su cabeza y lo que parece ser una ejecución limpia. Nadie sabe exactamente por qué le hicieron esto, aunque parecía claro que no tenía nada que ver con Homeboy Industries ni con la remoción del graffiti. Evidentemente, algo "alcanzó" a Scrappy. Tal vez fue su pasado, tal vez su presente reciente. Quizá la posibilidad de llevar una vida sin "reputación", obedeciendo las leyes y yendo al ritmo lento de lo correcto, era más aterrorizador que emocionante para Scrappy. Tal vez le haya causado un disgusto a alguien. A veces, lo único que sabes es aquello que no es. Aparte del golpe tan fuerte que fue la muerte de Scrappy para todos los que lo queríamos, fue desgarrador el hecho de que no tuviera la oportunidad de vivir de otro modo. Como un niño emocionado pero atemorizado luego de nadar por primera vez en el océano, flotando, descansado porque se estaba moviendo de un modo completamente diferente, el nuevo escenario, su extrañeza y su inmensidad, lo asustó de nuevo empujándolo hacia la vida que conocía. ¿Por qué la suya fue una historia exitosa? ¿Aparece ahora en la columna de los fracasos mientras sumamos resultados? Muchas veces la tiranía del éxito no se puede entorpecer con la complejidad. La suma total importa poco cuando se coloca al lado de la lucha intrincada y trágica de Scrappy por saber quién era en el mundo.

Dos meses después, Raúl, otro de nuestros trabajadores de la cuadrilla de graffitis, fue asesinado a balazos en uno de nuestros camiones mientras estaba solo y estacionado en la calle Primera frente a la oficina postal, poco después del mediodía. De nuevo, lo que uno llega a saber es lo que no fue su muerte. Con toda seguridad, no estaba relacionada con Homeboy, ni con los graffitis o su remoción. Igualmente cierto es que no tuvo relación con la muerte de Scrappy.

Antes de la muerte de Raúl, yo había caminado las pocas calles que había desde Homeboy hasta mi comunidad jesuita para ir a almorzar, y cuando regreso, veo a Héctor, a quien todos le dicen Fro (por el enorme afro que tenía en aquellos días) corriendo hacia mí. El alma se me cae a los pies en cuanto lo veo, su cabello moviéndose frenéticamente de un lado para el otro mientras se acerca a mí. Voy al hospital, y Raúl muere allá, mientras los gritos de su madre desgarran nuestros corazones.

Yo les decía a los cuates que una de las razones por las que ellos seguían en la pandilla era porque nunca oían a una madre gritar cuando se enteraba de que su hijo había muerto. Me convertí en una especie de figura temida, supongo que no muy diferente al oficial uniformado que toca la puerta de la familia del soldado que está prestando servicio en Irak.

La madre corre la cortina, mira por la ventana, y sabe qué noticias trae el delegado militar. Muchas veces, más de las que quiero recordar, he tocado la puerta a cualquier hora, de día o a medianoche, y cuando la madre me ve, siempre digo: "Mataron a Richie". Parece más amable en última instancia que rodear el momento con preludios indebidos. Los gritos son terriblemente dolorosos de presenciar, más que cualquier otra cosa. Con las latinas, los gritos se convierten en aullidos, en sonidos primigenios e indígenas. El balanceo de la madre de un lado a otro, sollozando continuamente, puede ser lo bastante perturbador como para cambiar de conducta.

Recuerdo una vez (sólo una) que todos los cuates se reunieron para jurar venganza inmediatamente después de que su compañero Víctor fuera asesinado. Todos estaban frente a su casa en los proyectos, su madre sentada en las escaleras, preocupada por la condición de Víctor. Llego, me acerco a ella y le susurro (después de regresar del hospital) que Víctor ha muerto. Y esta vez sus compañeros escuchan. Llanto instantáneo, aullidos sincopados, gritos que te desgarran las entrañas. Los cuates no hicieron nada esa noche, y más bien se fueron a sus casas. El precio de todo ello les fue entregado, cortesía de las cuerdas vocales de una madre de luto.

Después de pasar toda una tarde con la madre y la familia de Raúl, quise regresar a la oficina. Sabía que los cuates necesitaban verme, y que yo necesitaba verlos a ellos. Faltaban diez minutos para cerrar, y mis trabajadores hacen fila en mi pequeña oficina, para abrazarme uno a uno, mientras otros lloran, y me toman la "temperatura emocional". Cada uno de ellos es atento, tierno, y está consumido por un autoabandono que realmente sólo los santos pueden exhibir.

Luego estoy solo, con un dolor que no me deja y con el eco silencioso de las oficinas desoladas. Hasta los fantasmas del lugar parecen haberse marchado, cuando Freddy, uno de mis trabajadores, aparece en la puerta. Me pregunta cómo estoy, y yo suspiro y le digo lo que siento.

—Sé que tienes el corazón destrozado —dice, y comienza a llorar—, quisiera tener una varita mágica para sanar tu dolor.

No recuerdo haber llorado tanto en compañía de otro adulto como en ese momento. Ambos estallamos en llanto. Generalmente, yo me pondría "en guardia" como dicen los cuates, pero no puedo hacerlo en ese instante. He estado conteniendo este dolor enorme y descomunal "en guardia" durante tanto tiempo y pido permiso para liberarlo en el corazón amable y vasto de Freddy. Tenía veintitrés años y había desempeñado varios oficios en Homeboy, pero su temperamento singular requería frecuentes cambios de lugar. Primero fue en la planta de estampado, luego en el centro de recepción de mercancías, y ahora en la sede principal. Está claro que en este momento sabía cómo utilizar su rabia profunda y esencial para contener todo aquello con lo que estaba cargando.

—¿Sabes algo? Todos nos estamos ahogando aquí —dice Freddy con dificultad, y las lágrimas son una marea contra la que intenta nadar—. Y TÚ... tú llegas y nos rescatas.

Seguimos llorando, tocándonos las cabezas, meciéndonos un poco, incapaces de hablar. Y entonces Freddy, con los dientes apretados, y casi semejando sus frecuentes estallidos de rabia, me señala con el dedo en una determinación santa.

—Te juro —dice—, que si alguien me diera a escoger en este instante: un millón de dólares o la oportunidad de rescatarte... —Freddy hace una pausa y me dice en medio del llanto—, yo te rescataría.

Y en medio de mi llanto, escasamente logro balbucear:

—Acabas de hacerlo... acabas de hacerlo.

A Elaine Roulette, la fundadora de My Mother's House en Nueva York, le preguntaron, "¿Cómo trabajas con los pobres?" Ella respondió: "Uno no trabaja con los pobres. Uno comparte su vida con los pobres. Es algo tan esencial como llorar juntos. Consiste en "echar algo a suertes" antes de que se transforme en "cambiar la suerte de ellos".

El éxito y el fracaso, en última instancia, tienen poco que ver con vivir el Evangelio. Jesús permaneció simplemente con los marginados hasta que fueran bienvenidos o hasta que él fuera crucificado: hasta lo que ocurriera primero.

El poeta norteamericano Jack Gilbert escribe, "El corazón preñado es conducido a esperanzas que tienen el tamaño equivocado para este mundo". La estrategia y posición de Jesús fue coherente en cuanto a que siempre fue en contravía del mundo. Jesús desafió todas las categorías defendidas por el mundo: bien-mal, éxito-fracaso, pureza-impureza. Con toda seguridad, él recibió "ofertas desagradables" en este sentido. La derecha lo miraba y cuestionaba su posición. Detestaban que Él se hubiera aliado con los impuros, con los marginales, con esas personas a las que no deberíamos tocar ni acercarnos. Él se codeó con el leproso, compartió su mesa con el pecador, y en este proceso, se hizo ritualmente impuro. También les pareció ofensivo que, además de eso, a Jesús no le importaran sus asuntos polémicos, sus enmiendas constitucionales ni sus guerras culturales.

La izquierda también estaba igualmente molesta. Querían ver el programa de diez puntos, la revolución a toda marcha, el derrumbamiento de las estructuras sociales pecaminosas. Estaban impacientes con Su tipo de solidaridad. Querían verlo tomar la posición adecuada en ciertos asuntos, y no simplemente permanecer en el lugar adecuado.

Pero Jesús permaneció simplemente con los marginados. La izquierda vociferaba: "No te limites a estar allá: haz algo". Y la derecha señalaba: "No estés con esas personas". Al ver que Jesús estaba en el lado equivocado del mundo, ambas facciones buscaron sus propias razones para querer Su muerte y recibieron el mismo impacto cuando Él desenrolló el manuscrito y anunció las "buenas nuevas para los pobres"… "la visión para el ciego"… "la libertad para los cautivos". Y sin embargo, pocos versos después, ellos quieren arrojar a Jesús por un precipicio.

¿Cómo hacemos para que cambie el mundo? Dorothy Day hizo una pregunta crítica: "¿Dónde estaban los santos para tratar de cambiar el orden social?". No sólo para socorrer a los esclavos, sino para abolir la esclavitud". Dorothy Day es una heroína para mí, pero disiento con ella en este sentido. Uno realmente abole la esclavitud al acompañar a los esclavos. No consolidamos nuestro camino por fuera de la esclavitud, sino que nos solidarizamos con su abolición. Somos solidarios con el esclavo, y al hacer esto, hacemos que disminuya la vigencia de la esclavitud. Al solidarizarnos con el miembro de una pandilla, aceleramos la desaparición de la satanización. Lo único que Jesús pregunta es, "¿Dónde estás tú?" Y después de una derrota escalofriante y de un fracaso que entumece el alma, Él pregunta de nuevo: "¿Todavía estás allí?".

¿Podemos permanecer fieles y persistentes en nuestra fidelidad aunque las cosas no parezcan ser exitosas? Supongo que Jesús pudo haber elegido una estrategia que funcionara mejor (resultados basados en la evidencia) que no lo hubieran conducido a la cruz, pero él no pudo encontrar una estrategia más permeada de fidelidad que la adoptada por él.

* * *

Tengo prisa y estoy saliendo del estacionamiento, cuando La Shady se para frente a mi auto a finales de una tarde. Es una chica grande de diecinueve años, con caderas y senos voluminosos, y parece tener el doble de su edad. Su hija Jennifer, de un año de edad, descansa en su cadera y brazo derecho. El "hombre" de Shady y el padre de su hija era Leonardo, a quien enterré tres meses atrás. En un altercado entre Leonardo y cinco miembros de una pandilla rival en una estación de gasolina en la calle Cuarta con Boyle, el miembro de una pandilla, nervioso e inseguro, quien observaba la pelea desde el interior de un auto, sacó un arma de fuego y disparó a mansalva. Una bala alcanzó a Leonardo.

Shady levanta su otra mano para detenerme y se acerca rápidamente a mi ventana, que está abierta. Se inclina y me da un

Éxito

beso. Lleva puesta una enorme camiseta blanca y negra de los Raiders con un número adelante.

—¿A dónde vas, G?

Sé muy bien que no debo decírselo. Me dirijo a una reunión que he organizado para firmar un tratado de paz entre algunas compañeras de su pandilla y la que mató a su compañero. Todavía estaba demasiado exaltada; además, la muerte de Leonardo aún le pesaba mucho, y borraba de ella la razón, la calma, y cualquier esperanza de paz. Por eso no estaba en mi lista de invitadas.

—Voy a hacer una diligencia.

Las mujeres representan un pequeño porcentaje de la población total de las pandillas. El número oscila entre el 5 y el 10 por ciento, pero yo me inclino por el primer número. Las pandillas son básicamente un asunto de hombres. Es mucho más común que las chicas salgan con chicos de una pandilla y no que hagan parte de ella. Las que están en pandillas realizan labores de reconocimiento, "enrarecen la atmósfera", y con frecuencia, incitan a los hombres a pelear: "¿Vas a dejar que ese vato siga caminando allá, en la calle de enfrente, y NO vas a hacer nada?".

Las únicas veces que he sido remotamente lastimado durante todos estos años ha sido al dispersar peleas entre chicas pertenecientes a pandillas, mientras que los chicos siempre dejaban de pelear en el instante en que yo llegaba. El "Mar Rojo" de cuates peleadores se dividía mientras yo caminaba en medio de ellos. Por otra parte, se necesita ayuda para dispersar a las chicas. Es imposible hacer que dejen de pelear. SIEMPRE debes ir acompañado para poder separarlas.

Shady es una chica dura. Tiene cierta rudeza, y cuando no,

es sumamente tímida. Ésta parece ser una de esas extrañas ocasiones en que no es ruda ni tímida. Está inusualmente contenta de verme y su urgencia por hablar conmigo me parece extraña.

—G, ¿tienes dos minutos? Anoche tuve un sueño y necesito que me lo expliques.

(Los cuates siempre han creído que yo tengo la capacidad de interpretar sueños, aunque no hice nada para fomentar esta creencia. Ellos simplemente creen que es parte de mis credenciales). Ella se acerca más y levanta con fuerza a Jennifer para acomodarla en su regazo.

En el sueño, ella entra de noche a la iglesia de Dolores Mission, y mientras camina por el pasillo central, me ve de pie en un lugar oscuro, vestido para dar misa. A mi lado está un bebé en un pequeño ataúd con la tapa abierta. Shady no se me acerca inicialmente, pero yo la llamo y le hago señas para que lo haga. Ella confía en mí y se aproxima, pero reconoce que se siente absolutamente aterrorizada de mirar el interior del ataúd. Yo le sonrío y la llamo. Shady se acerca al ataúd y finalmente se atreve a mirar. Pero antes de inclinar su cabeza sobre la pequeña caja, una paloma sale volando de su interior y la asusta. Describe un círculo en la iglesia y vuela hacia adelante y hacia atrás hasta posarse en su hombro. Entonces se despierta.

—¿Qué significa, G?

—Bueno, el significado es muy claro —le digo, sin tener la menor idea de lo que significa su sueño. Como me estaba retrasando para la reunión, y puesto que la percepción que yo tenía del carácter de Shady era que ella adoptaría una posición firme y no le daría "una sola oportunidad a la paz", le ofrezco gustoso mi versión—. Bueno, todo el mundo sabe que las palomas blancas son el símbolo de la paz, y lo que Dios te está pidiendo es que

Éxito

te adentres en el perdón, en la sanación y en la paz, y todo estará bien.

Ella escucha, pero hay ruedas girando que parecen hacerlo muy lejos de mi vista. Abandono mi sentido de la puntualidad, y por primera vez realmente la veo frente a mí, cargando a su niña mientras su camiseta de los Raiders ondea con el viento. Pongo mi mano en su brazo, el cual tiene apoyado en la puerta del auto.

—Pero lo único que importa es: ¿cómo te hizo sentir el sueño?

—Shady comienza a llorar, y su hijita, que inicialmente parece estar curiosa, se une a su madre en señal de solidaridad.

—De eso se trata, G. Primero sentí miedo... pensé que tal vez era mi hija en el ataúd. Pero cuando vi la paloma, sólo sentí amor y paz en mi corazón.

Nunca había visto a Shady llorar así.

—Dios sólo quiere que sientas esas cosas, mijita: amor en tu corazón... paz. Todo está bien.

Ella se acercó al auto con más energía de lo usual, y su hija por poco se golpea la cabeza, mientras me abrazaba, me apretaba fuerte y me agradecía profusamente.

Casi a la medianoche del mismo día, Shady está apretujada en medio del asiento posterior de un auto atiborrado de miembros de una pandilla. Están lejos de su barrio y los que van en el auto son de otro vecindario. Avanzan, les hacen señas a sus rivales que están en una esquina, quienes les gritan y lanzan todo tipo de insultos, y Shady y los pandilleros sonríen, hacen chirriar las llantas del auto y se disponen a alejarse. Pero un vato que está en la esquina saca su arma. Shady se desploma en el asiento. Sólo una bala impactó el auto esa noche y se alojó en la parte posterior de la cabeza de Shady.

189

Tatuajes en el corazón

Ahora, ¿qué significa el sueño que Shady me contó pocas horas antes de que su vida fuera cegada? No tengo la menor idea, salvo que somos llamados de manera indefectible a permanecer al lado de ella y de todos los que lloraron su partida. Más allá de eso, realmente no sé nada. Permitir que nuestros corazones "se conmuevan con aquello mismo con que se conmueve el corazón de Dios". Al final, lo que necesita perturbarse encontrará su perturbación en nuestra solidaridad y nuestro parentesco íntimo con los marginados, quienes casi nunca conocen la paz de una paloma blanca posada en su hombro. ¿A fin de cuentas, cuál es el fracaso de la muerte si se le compara con lo que aflora en nosotros al ver esta paloma blanca?

Nietzsche escribe, "El peso de todas las cosas tiene que ser medido de nuevo". Vemos una dosis considerable de muerte y tragedia, ¿y quién puede culparnos si queremos una nueva forma de medir?

Si decidimos estar en el lugar adecuado, Dios crea una comunidad de resistencia a través de nosotros sin que nos demos cuenta. Adoptar la estrategia de Jesús es comprometernos con lo que Dean Brackley denomina la "movilidad hacia abajo". Encontrarnos con quienes han sido interminablemente excluidos se convierte en un acto manifiesto de protesta, pues por más que les pidamos a quienes detentan el poder que cambien las cosas, éstas no cambiarán. Las márgenes no se borran simplemente insistiendo en que quienes detentan el poder las borren. La teoría del "goteo" realmente no funciona en este caso. Los poderes enfrascados en declararles la guerra a los pobres, a los jóvenes y a los "otros" sólo ingresarán a la hermandad cuando observen esto. Abandonaremos los valores que pretenden excluir sólo cuando nuestra comunidad valore y aprecie a los marginados.

Éxito

Jesús siempre estuvo demasiado ocupado en ser fiel como para preocuparse por el éxito. No estoy en contra del éxito; simplemente creo que debemos aceptarlo sólo si es un producto derivado de nuestra fidelidad. Si nuestra principal preocupación son los resultados, decidiremos trabajar sólo con quienes nos den unos que sean buenos.

Son muchos los ejemplos en Homeboy Industries de cuates que se salen de las líneas y reciben noventa y ocho oportunidades. Tal vez sea porque muchas veces nos vemos obligados a comenzar donde otros se han detenido. Algunos miembros de mi equipo principal querían que cambiáramos nuestro lema, impreso en nuestras camisetas, y que decía, "Nada detiene una bala como un empleo", por "Nadie puede decepcionarnos lo suficiente". Otros comentaban que algunos actos no parecen tener consecuencias, y por supuesto, en el mundo real sí hay consecuencias. Alguien me preguntó alguna vez, "¿Qué se necesita para que lo despidan a uno de Homeboy, lanzar gases químicos acaso?" Yo no he vacilado en despedir a alguien cuando parece ser lo mejor para esa persona. La llamo y le digo, "No llegará el día en que te retire mi amor y mi apoyo. Simplemente estoy en tu esquina hasta que las ruedas se caigan. A propósito, tengo que dejarte ir". Ellos siempre están de acuerdo conmigo; casi siempre.

No hay duda de que todos los que trabajan en Homeboy habrían sido despedidos en cualquier otro lugar (incluido yo, supongo: simplemente pregúntenle a mi junta directiva). Pero como dice Mark Torres, S.J., venerado guía espiritual de Homeboy Industries: "Vemos en los cuates lo que ellos no ven en sí mismos, hasta que lo hacen".

Había una chica integrante de una pandilla que acababa de

salir de prisión con tatuajes elaborados y alarmantes en toda su cara. Comenzó a trabajar en el departamento de estampado. Tuvo una pelea el primer día. El segundo día llegó completamente "iluminada" por la marihuana. El tercero llegó en un auto lleno de sus cuates (lo cual va contra nuestras reglas). ¡Ah, y el auto era robado! (y bueno, eso va contra las reglas de todos). Supongo que podríamos haberla despedido. Y sin embargo, decidimos, con todo el "no importa qué" que pudimos reunir, que ella nos fallaría mucho antes de que nosotros le falláramos. Y efectivamente, nos falló: Dejó de ir a trabajar. Estaremos listos para ella cuando regrese. Tú permaneces con quien tenga menos probabilidades de alcanzar el éxito, hasta que el éxito esté seguido de algo más valioso: de la hermandad. Estás con los beligerantes, los huraños y los que se comportan mal, hasta que el mal comportamiento es reconocido por el lenguaje que es: el vocabulario de los profundamente heridos y de aquellos cuyas cargas son más pesadas de lo que pueden soportar.

Jesús luchó incansablemente contra el código de pureza de los que detentaban el poder en su época. Reconoció que era precisamente este código lo que evitaba la hermandad entre las personas. Tal vez el éxito sea el nuevo código de pureza. Y Jesús nos muestra que el deseo de pureza (nueve veces de diez) es, de hecho, el enemigo del Evangelio.

Algunas veces, los financistas dicen, "No financiamos esfuerzos; financiamos resultados". Escuchamos esto y pensamos lo acertado, práctico, realista y claro que es. Pero tal vez ellos no saben por qué asentimos de manera tan enfática. Sin quererlo, a veces permitimos que nuestra preferencia por los pobres se transforme en una preferencia por los que se comportan bien y tienen mayores probabilidades de éxito, *incluso si* obtenemos mejores resultados cuando trabajamos con esas personas. Si el éxito es nuestro motor, hacemos a un lado la dureza y la beligerancia, y finalmente abandonamos "el trabajo lento de Dios". El fracaso y la muerte se hacen insuperables.

* * *

Veo a Manny en el vecindario y no me alegro en absoluto. Cuando los cuates se van de los proyectos, les digo que ya no tienen que hacer nada allí.

Un día vi a un cuate llamado Mugsy, que tenía más de treinta años, tres hijos, vivía lejos del vecindario, tenía un buen trabajo en la construcción, y estaba en el barrio.

—¿Qué diablos estás haciendo aquí? —le pregunto.

—Ah, sólo vine a comprar unas cervezas en la tienda Moon's.

—Mira, *dog*, puedes comprar cerveza en cualquier otro lugar.

—Sí, pero —dice él—, no todos aceptan sellos de alimentos.

El hecho de que rara vez yo gane este tipo de batallas no me impide tener un "disco rayado" a la hora de insistir.

Y cuando veo a Manny, le digo con calma:

—De acuerdo, Manny, ¿qué estás haciendo aquí?

Él quiere calmarme rápidamente: —Ah, sólo estoy de visita.

Mi voz se convierte en el altavoz de un hospital:

—PRESTEN ATENCIÓN, POR FAVOR. EL HORARIO DE VISITA YA HA TERMINADO.

Manny sabe lo suficiente como para cambiar de tema:

—Felicítame —dice.

—¿Por qué? —cedo, y sale un poco de aire de mi "globo".

—El lunes comienzo a estudiar en la Universidad de Río Hondo.

—Hijo, me siento orgulloso de ti: Ahora vete a casa.

Manny había sido uno de los veinte trabajadores de diferentes pandillas que construyeron nuestro centro de cuidado infantil, el cual tardaron dos años en construir. Si los trabajadores hubieran sido profesionales, lo habrían terminado en cuatro meses. Sin embargo, nosotros optamos por comenzar con la cuadrilla de construcción del "tamaño equivocado para este mundo". Nada hacía sentir más orgulloso a Manny que tener su nombre grabado en la pared del centro. "Lo construí", decía.

Menos de tres horas después, mientras Manny sube la rampa para tomar la autopista rumbo a casa, un rival lo ve y le dispara. Pocas horas después, los médicos me llaman para que convenza a su familia de donar los órganos de Manny.

Esto toma un tiempo. Durante varios días me uno a la vigilia con Irma, su mujer, quien tiene ocho meses de embarazo de su segundo hijo. Ella no se aparta de Manny. Dejo de pedirle que se tome un descanso. Ella llena el cuarto de fotografías —mutuamente significativas— de Manny Jr. y de toda su familia.

Veo una procesión interminable de cuates, familiares y amigos que vienen a decirle adiós al cuerpo en estado de coma de Manny. Los cuates le colocan con ternura rosarios en el cuello, lo besan y lo abrazan. Manny tiene un tatuaje en el pecho con el título de la canción "I'm Still Here" (Aún Estoy Aquí), que escuchaba cuando fue abaleado.

Mientras estoy en el cuarto, recuerdo varios meses atrás cuando Manny me llamó; estaba muy *panickeado* por algo. Casi siempre me llamaba porque le daba miedo violar su libertad condicional. Me vi con él en las escaleras de hierro que había afuera del apartamento de Irma en los proyectos. Y cuando llego, él está llorando.

Éxito

—¿Qué quieres, Manny? —le pregunto cuando hemos hablado un poco. Él sabe a qué me refiero.

¿Qué es lo que deseas de manera más real y profunda?

Manny cierra los ojos, se cruza de brazos, y su intensidad evidente bien podría convertirse en otra cosa. Tiene la mirada de un hombre que, si pudiera articular esto de manera correcta, podría encontrarse en el camino adecuado. Cuando Manny regresa de su búsqueda, dice solamente:

—Yo sólo quiero ser un buen padre. Pero no sé cómo serlo.

No hay muchas señales que le muestren el camino. Yo había enterrado a su propio padre, quien murió de sobredosis de heroína un año atrás, y su infancia transcurrió rodeada de personas buenas pero atrapadas de manera implacable en el caos que sólo puede producir el PCP: Cuando lo conocí varios años atrás, era un niño pequeño cuyo cuarto y santuario era un clóset.

Finalmente logro que la abuela de Manny firme la autorización para donar sus órganos.

—Pero no sus ojos —dice—. Sus ojos no.

Mientras dos enfermeras llevan a Manny a la sala de cirugía para retirarle los órganos, una de ellas mira a la otra y mueve la cabeza en señal de disgusto, sin duda alguna tras ver sus tatuajes.

—Es decir —comenta ella, poniendo sus ojos en blanco—. ¿Quién querrá el corazón de este monstruo?

La otra enfermera detiene la camilla en medio del pasillo y mira a su compañera con una claridad que bien podría sorprenderla a ella misma.

—¿Cómo te atreves a decirle monstruo a este chico? ¿No viste a su familia, a sus amigos, a su hijo? ¡Por Dios! ¡Sólo tenía diecinueve años! Pertenecía a alguien. Deberías avergonzarte.

Me enteré de esto porque ofrecí un servicio para las enfermeras del White Memorial Hospital. La enfermera que reprobó a la otra contó su historia llena de lágrimas, delante de todos los asistentes, durante la sesión de preguntas y respuestas.

—Lloré durante todo el camino de regreso a casa —me dijo.

Obviamente, y después de haber enterrado a 167 seres humanos, todos ellos asesinados por asuntos de pandillas, he tenido que aceptar el "fracaso" de la muerte.

Muerte, ¿dónde está tu aguijón?

La muerte ya no tiene dominio; es lo que he dicho desde el púlpito en numerosas ocasiones. La muerte ya no tiene poder. Me es fácil decir eso. Lo digo para protegerme a mí mismo, sin embargo, pues de lo contrario, temería por mi salud mental. Annie Dillard dice, "Y una vez en Israel, el amor llegó a nosotros encarnado y permaneció en el umbral entre dos mundos, y todos nos asustamos". Trabajar con miembros de pandillas implica tratar de encontrarle siempre un sentido a la vida en el umbral. Es cierto que el trigo muere, pero hay que mirar el fruto. Es obvio que hay dolor al momento de nacer, pero no es menos cierto que un niño llega al mundo.

¿Quién sigue mirando las cenizas una vez que el Ave Fénix ha levantado el vuelo? Siempre estamos buscando destinos peores que la muerte, y resulta que hay una buena cantidad de ellos.

Un monje algeriano, luego de ser amenazado de muerte, les dice a sus verdugos: "Después de todo, ¿qué hay que temer? ¿Ser arrojados en la ternura de Dios?" Es allí donde ciertamente quiero estar, aunque el miedo parezca triunfar casi todos los días.

La dueña de un corazón expansivo y enorme, y una de las mujeres más heroicas que conozco es Soledad, madre de cuatro hijos. Conocí a Ronnie, su segundo hijo, cuando estaba en pe

Éxito

núltimo año en la escuela secundaria Roosevelt. Sospecho que comenzó a trabajar en esta oficina cuando salía de clases, poco después de que su hermano Angel comenzara a trabajar en nuestra fábrica de estampado. Angel estaba en una pandilla y era dos años mayor que Ronnie, que no estaba en ninguna.

Poco después del 11 de septiembre, Ronnie obtuvo su diploma (ni siquiera lo recibió en el auditorio) y se enlistó en los Marines. Una vez, él y Soledad me visitaron para que le diera una bendición especial, pues viajaría a un lugar secreto (que resultó ser Afganistán). Un tiempo después, Ronnie estaba de licencia y regresaba a su casa al filo de la medianoche después de cenar en el restaurante Jack in the Box.

Soledad puede escuchar desde su habitación la pregunta más temida del barrio, alguien le pregunta a Ronnie: "¿De dónde eres?".

Si no perteneces a una pandilla, respondes: "No soy de ninguna parte". Otra variante puede ser: "No estoy en una pandilla", lo que puede significar, "Soy miembro de una pandilla, pero ya no estoy en eso", o "No soy miembro de ninguna pandilla".

Ella intenta escuchar lo que él dice. Ronnie pudo haberse reído o dicho incluso "de los Marines", pero ella no necesita esforzarse para escuchar los disparos que siguen. Ronnie muere en sus brazos en la puerta de la cocina. Recibe cuatro disparos en la espalda y dos en la cabeza, y una de sus manos es cercenada por un proyectil. Ronnie recibió un funeral militar. Soledad recibió una bandera.

Durante los seis meses siguientes, nadie ni nada podía consolar a Soledad. Renunció a su empleo y casi nunca salía de su casa. Todos los días se vestía de negro, se bañaba poco y no se molestaba en peinarse ni en maquillarse.

Tatuajes en el corazón

Una de las posesiones de las que más orgulloso me siento es una fotografía de Angel, su hijo mayor, con una túnica color vino tinto, una faja dorada y un birrete de cuando se graduó de la escuela Roosevelt. Muy pocos cuates logran esto, y Angel tenía toda la razón en sentirse orgulloso.

Angel se sienta a hablar con su madre un domingo por la mañana, seis meses después de la muerte de Ronnie.

—Mira —le dice a Soledad—, tienes que acabar con esto. Te quedan tres hijos, y te necesitamos. Quiero que te deshagas de tu ropa negra, te des un baño, te peines y te pongas un poco de maquillaje. Ya es hora.

El primogénito de Soledad atraviesa la masa sólida de dolor que ha envuelto su alma y ha inmovilizado su corazón durante todo este tiempo. Y ella lo hace: Se baña, se pone ropa de colores, se peina y se maquilla. Sale radiante de su habitación. Angel le toma el rostro con sus manos y le dice:

—Te ves preciosa —y no duda en añadir—: Maldición, ya era hora.

Esa tarde, Angel está sentado en el porche, comiéndose un sándwich, cuando se escucha una conmoción en la calle. Un chico corre con todas sus fuerzas. Es del barrio de Angel. Dos enemigos lo persiguen, pero el chico logra perdérseles de vista. Los dos jadean frente al porche de la casa de Angel, quien sabe muy bien que debe correr de inmediato a su casa. Comienzan los disparos y Soledad acude al lugar de donde provienen. Ella diría más tarde que habría deseado que quienes dispararon no se hubieran marchado sin antes matarla a ella también.

Era domingo, y yo estaba celebrando misa en varios centros penitenciarios, así que me enteré tarde de la muerte de Angel. Cuando entro a la casa de Soledad, ella está acurrucada en un rincón. No tiene Kleenex ni pañuelo: Soledad está derramando sus lágrimas en una enorme toalla de baño. Y los pocos que estamos allí advertimos que nuestros brazos son muy pequeños para abarcar este tipo de dolor.

Veo con mucha frecuencia a Soledad, pero este día, dos años después de la muerte de Angel, la veo en la puerta de mi oficina y nos abrazamos.

—¿Cómo estás?

Soledad me toma de la mano y piensa lo que va decirme.

—Tú sabes, amo a los dos hijos que tengo. Me duelen los dos que se han ido. —Comienza a llorar y muestra un destello de vergüenza debido a su honestidad—. Pero el dolor gana... el dolor gana.

Dos meses después, Soledad es internada en el hospital debido a una irregularidad cardíaca y a un dolor en el pecho. La visito en su habitación, y ella me cuenta lo que sucedió la noche que la llevaron a la sala de emergencias. Está en una camilla, los doctores le practican electrocardiogramas y otros exámenes, cuando se presenta un caso de mucha emergencia. Varios individuos y personal médico hacen lo suyo, y un adolescente miembro de una pandilla es llevado con rapidez al espacio vacío que hay al lado derecho de Soledad. El chico está cubierto de sangre debido a las múltiples heridas de bala, y comienzan a cortarle las ropas. Las heridas son demasiado serias para perder tiempo en correr la cortina que separa a Soledad de este chico que lucha por su vida. Le hacen masajes en el pecho y le ponen suero. Soledad se da vuelta y lo ve. Reconoce que es un chico de la pandilla que casi seguramente le arrebató a sus dos hijos.

—Cuando vi esto —me dice—, simplemente pensé en lo

que dirían mis amigas si estuvieran conmigo: "Reza para que se muera".

Pero ella miró a ese chico, tratando de hacer a un lado la suerte de sus hijos, mientras los médicos trabajaban y gritaban, "LO ESTAMOS PERDIENDO, LO ESTAMOS PERDIENDO".

—Y comencé a llorar y a rezar con más fervor que nunca. "Por favor... no permitas... que muera. No quiero que su madre pase por lo que he pasado yo".

Y el chico sobrevivió. Algunas veces, simplemente parece que el dolor gana.

Mary Oliver sostiene: "Hay cosas que no podemos alcanzar, pero podemos ir hacia ellas, durante todo el día".

En última instancia, los resultados efectivos y el cúmulo de historias exitosas no son las cosas que buscamos. Pero a fin de cuentas, ¿a quién estoy engañando? Las prefiero al más abyecto de los fracasos y a décadas de muerte. Pero no se trata de una preferencia, sino de la disrupción de categorías que nos conducen a abandonar lo difícil, lo desagradable y lo que tiene menos probabilidades de triunfar. La mayoría del tiempo, si soy fiel a mí mismo, simplemente quiero compartir mi vida con los pobres, sin importar los resultados. Quiero aceptar el desafío de problemas intratables con mi corazón tan tierno como lo pueda tener, sabiendo que allí hay una ingenuidad divina, "el trabajo lento de Dios", el cual se materializa cuando somos fieles. Tal vez el mundo pudiera adoptar un enfoque del "tamaño equivocado". De lo contrario, el dolor gana. Tal vez haya cosas que no podamos alcanzar, pero podemos estirar los brazos desde una camilla y perdonar y sanar.

Almas gemelas. Durante todo el día.

9

Hermandad

La Madre Teresa diagnosticó los problemas del mundo de este modo: simplemente hemos "olvidado que pertenecemos el uno al otro". La hermandad es lo que nos sucede cuando nos negamos a que suceda eso. Con la hermandad como meta, otras cosas esenciales se acomodan en su lugar; sin ella, no hay justicia ni paz. Sospecho que si la hermandad fuera nuestro objetivo, ya no tendríamos que promover la justicia: la estaríamos celebrando.

La hermandad tiene una forma de adentrarse en nosotros incluso cuando intentamos fomentarla. Yo celebro los servicios católicos de manera rotatoria en veinticinco centros de detención en el condado de Los Ángeles: salones juveniles, campos probatorios, prisiones e instalaciones estatales de la Autoridad Juvenil. Después de misa, reparto mi tarjeta en el gimnasio, en la capilla o en el salón de clases. El mensaje es siempre el mismo: "Llámame cuando salgas. Te conseguiré un empleo, te borraré los tatuajes, te programaré una cita con un consejero. No sé quién eres, pero con esta tarjeta, tú sabrás dónde estoy. No te demores, porque si lo haces, te arrestarán de nuevo y terminarás de nuevo acá. Así que llámame".

Reparto miles de tarjetas al año.

Un cuate llamado Louie, de diecisiete años, aparece un día en mi oficina, radiante, feliz y sonriente. Nunca en mi vida he visto más chupones en un ser humano que en este chico. Todo su cuello está lleno de estos chupetonazos. Hasta sus mejillas están cubiertas de ellos. Creo que el director de los récords mundiales Guinness podría estar interesado en hablar con Louie.

—Aquí estoy —dice él, con los brazos estirados—, salí ayer, —y me señala con alegría— y TÚ... eres la PRIMERA persona que vengo a ver.

Miro a este chico atolondrado y le digo:

—Louie... tengo la sensación de que soy tu segunda parada.

Los dos nos desternillamos de la risa, y de manera rápida y súbita, se forja una hermandad. No hay un proveedor de servicios y un receptor de éstos. No hay una luz que nos separe: simplemente hay un "nosotros".

Exactamente lo que Dios tenía en mente.

Con frecuencia, logramos la alta distancia moral que nos separa a "nosotros" de "ellos", y sin embargo, es el sueño cumplido de Dios cuando reconocemos que no existe la luz del día entre nosotros. Servir a los demás es bueno. Es un comienzo. Pero es sólo el pasillo que conduce al Gran Salón de Baile.

La hermandad no es servir al otro, sino ser uno con el otro.

Jesús no era "un hombre para los demás": era uno con ellos. Y hay una gran diferencia en eso.

* * *

Hermandad

Supongo que nunca sentí esta hermandad con mayor intensidad que cuando me diagnosticaron leucemia. Llevo varios años sin cáncer, y no hace mucho, un cuate me dijo con la respiración entrecortada: "Escuché que tu cáncer está en remisión". Mi leucemia había estado en el "vestíbulo" desde aquel entonces, haciendo fila para las "palomas de maíz".

La noticia de mi enfermedad llegó inicialmente a la mayoría de las personas debido a la noticia en primera página que publicó el *Los Angeles Times* en su edición dominical. El rumor se propagó; los cuates aparecieron de todas partes. Mi correo de voz empezó a llenarse.

—Ahora nos toca cuidarte a ti —dice Lala, una cuata que conozco desde siempre.

Un cuate enorme llamado Fernie está frente a mi escritorio, tatuado y con una espalda tan ancha y grande que cualquiera diría que Dios se olvidó de darle un cuello. Las lágrimas brillan en sus ojos.

—¿Qué tengo que necesites? —me dice refiriéndose a sus órganos.

Me siento feliz de decirle que no necesito ninguno.

A mediados de mi tratamiento de quimioterapia, llego a mi oficina después de una sesión. Un miembro de una pandilla, bajito y de quince años, se sienta en la silla frente a mi escritorio. Parece notoriamente conmovido.

—Supe que tenías leucemia —dice con voz entrecortada.

Yo asiento con solemnidad.

Se hace un silencio incómodo, que él rompe finalmente.

—Mi gata tenía leucemia.

Su frase permanece en el aire.

—Sí —agrega—, ella se murió.

—Oh —digo—, realmente siento escuchar eso... sin embargo, estoy muy contento de que hayas venido... realmente, mmm... ha sido un gesto amable.

Sin embargo, mi anécdota preferida fue cuando Loco me llamó desde la cárcel. Acababa de leer la noticia en el periódico.

—Oye —dice gritando en medio del barullo de la cárcel—. ¿Qué pasa con esa leucemia?

—Bueno, es cáncer... en la sangre. El médico dice que tengo muchos glóbulos blancos.

Loco le resta importancia de inmediato.

—¡Rayos!... esos médicos. —Puedo verlo negar con la cabeza—. No saben nada.

—¿Qué quieres decir?

—¡HOOOOLLLLAAAA! Está claro que tienes muchos glóbulos blancos... ¡ERES BLANCO!

Ahora acepto más llamadas con cobro revertido y digo que son "segundas opiniones".

* * *

No hay luz que nos separe.

Sólo hermandad. Acercándonos a crear una comunidad de hermandad para que Dios pueda reconocerla. Pronto imaginamos este círculo de compasión en compañía de Dios. Luego imaginamos que nadie está por fuera de ese círculo, y nos acercamos a las márgenes para que sean borradas. Permanecemos allí con aquellos cuya dignidad ha sido negada. Nos encontramos a nosotros mismos con los pobres, los indefensos y los que no tienen voz. En los bordes, nos unimos con los despreciados

y los excluidos sin tardanza. Permanecemos junto a los satani-
zados para que cese la satanización. Nos situamos a la derecha
de los desechables para que llegue el día en que dejemos de desechar a las personas. El profeta Habakuk escribe: "La visión aún
tiene su tiempo, insiste en el cumplimiento y no decepcionará...
y si tarda, hay que esperarla".

Dios nos insiste en la hermandad, con la esperanza de que su
momento ha llegado.

* * *

No me acuerdo de Lencho cuando entra a mi oficina, aunque
esa es la primera pregunta que me hace: "¿Te acuerdas de mí?".
Lo cierto es que no. Hace dos días salió de la prisión estatal de
Corcoran. Cumplió una pena de diez años: Era joven y fue pro-
cesado como adulto. Tenía catorce años cuando lo conocí en el
Central Juvenil Hall. Ahora tiene veinticuatro años, y sus brazos
están totalmente cubiertos de tatuajes. Su cuello está ennegre-
cido por el nombre de su pandilla, que va desde la mandíbula
hasta clavícula. Tiene la cabeza afeitada y cubierta con tatuajes
alarmantes. Lo más sorprendente de todo (aunque impactante)
son dos cuernos de diablo que lleva tatuados exquisitamente en
la frente.

Él dice: —¿Sabes?... Estoy teniendo muchas dificultades para
encontrar un empleo.

Yo pienso, *Bueno, tal vez podamos trabajar juntos en esto.*

Me dispongo a darle la dirección de nuestra clínica donde borramos tatuajes, cuando me dice: —Nunca he tenido un empleo
en mi vida: he estado encerrado desde que era niño.

Le sugiero que cambiemos esto. Le digo que comience a trabajar mañana martes en Homeboy Silkscreen. Con más de diez años de funcionamiento, casi quinientos miembros de pandillas rivales han trabajado allí, estampando y bordando mercancías para más de 2.500 clientes. Llamo el miércoles a Estampados Homeboy para preguntar por *Chamuco* (la forma afectuosa de llamar a Satanás), nuestro trabajador más reciente. Lencho pasa al teléfono.

Le pregunto: —¿Cómo se siente ser un hombre trabajador?

—Se siente bien —responde—. De hecho, soy como el vato del comercial, ya sabes, el que siempre aborda personas extrañas y les dice, "Acabo de bajar mi colesterol". Sí. Así me siento yo.

Reconozco ante él que pienso poco en todo este asunto del colesterol.

—Es decir, ayer, después del trabajo, estoy sentado en la parte de atrás de un autobús, sucio y cansado, y realmente no pude evitarlo. Abordaba a perfectos desconocidos y les decía, "Estoy regresando, es mi primer día de trabajo". Le dije a otro, "Estoy saliendo: es mi primer día de trabajo".

Me dice esto, y no puedo menos que imaginar a las personas del autobús, preguntándome también si las madres agarran a sus hijos con más fuerza. Seguramente alguien ha escuchado a Lencho y piensa: *Bien hecho.* Sospecho que es igualmente seguro que alguien que lo haya escuchado, piense, *¡Qué pérdida para un trabajo tan bueno!*

La idea equivocada se ha arraigado en el mundo, y es ésta: que puede haber vidas que importen menos que otras. El profeta Jeremías dice: "En este lugar en el que dices que hay…".

La voz de Lencho es importante. Para ese fin, decidimos convertirnos en lo que la psiquiatra infantil Alice Miller denomina "testigos iluminados", personas que a través de su amabilidad, ternura y amor enfocado y atento, hacen que otras personas vuelvan a encontrarse consigo mismas. Se trata de regresar, y no de medir. Lencho ha regresado a sí mismo y anuncia esto como un toque de rebato en el autobús. No tenemos una vara para pedirle a la gente que se mida con ella: simplemente hacemos presencia y nos comprometemos a decir la verdad.

En Homeboy Industries procuramos decirle esta verdad a cada persona: que son exactamente lo que Dios tenía en mente al crearlos; y que luego observamos, desde este lugar privilegiado, a las personas habitando esta verdad. Nada es lo mismo de nuevo. No hay balas que puedan perforar esto. No hay muros carcelarios que puedan confinarlo. Y la muerte tampoco puede tocarlo: así de inmenso es.

Pero hay muchas cosas que se interponen en el camino de esta verdad liberadora. Necesitamos desmantelar la vergüenza y la desgracia, sonsacándoles la verdad a las personas que se han sentido cómodas creyendo lo contrario.

Un día, tres cuates van en mi auto mientras me dirijo a dar una plática. Llegamos y arman la mesa para vender nuestra mercancía. Nuestra conversación en el auto ha ido más allá de hacer bromas entre nosotros. Nos reímos mucho, estoy muy distraído, y no me he dado cuenta de que el tanque de la gasolina está casi vacío. Le digo a JoJo, el cuate que ocupa el asiento del acompañante:

—Oye, *dog*, mira y me dices cuando veas una estación de gasolina.

Él no parece confiar plenamente en lo que digo. Mira el compartimiento de la gasolina que hay en el tablero y desecha mi llamado.

—Estás bien —dice.

—¿Cómo que estoy bien? Estoy en ÉCHALE, cabrón. —Le hago señas y le digo—: DESPIERTA, "E" significa vacío.

JoJo me mira verdaderamente sorprendido.

—¿E significa vacío?*

—Bueno, sí, ¿qué creías que significaba?

—Exceso.

—¿Y qué crees que significa la F?

—Finalizado.

Después de agradecerle por visitar nuestro planeta, comprendo que es exactamente así como tiene que suceder esto. Los cuates miran al espejo y dicen "VACÍO". Nuestra labor colectiva es sugerir más bien "suficiente". Suficientes regalos, suficiente talento, suficiente bondad. Cuando tienes suficiente, tienes en abundancia.

Si nuestro veredicto es FINALIZADO, los demás nos pedirán conducirlos más bien a la "plenitud" —al lugar interior— donde encuentren en ellos mismos exactamente lo que Dios tenía en mente. Sería difícil exagerar lo sobrecogedor que es conjurar nuevas imágenes y reconstruir mensajes.

* * *

Cuando Richard llegó a Homeboy Industries, era un joven de diecinueve años para quien la tristeza era una amenaza constante. Sus sonrisas eran ocasionales y fugaces. Tendía a lamentarse por ser el único integrante de una pandilla en su familia. Una vez me dijo:

*E: empty (vacío) (N. del T.)

Hermandad

—Soy la oveja negra de mi familia.

Después de conocer a mi hermano mayor y a su esposa, me preguntó con voz lastimera:

—¿Qué hace tu hermano?

—Es el director de una escuela media en San Diego.

—¿Y tu cuñada?

—Es enfermera y trabaja en la unidad de cuidados intensivos de un hospital.

—Rayos, G —dice, moviendo su cabeza con tristeza y gravedad—, todos en tu familia SON alguien.

Supongo que se refería a que ninguno de su familia era nadie, y tampoco él.

Un día (y como dirían los cuates), Richard saca una "flicka" de la nada.

—Oye, G, ayer encontré esta *flicka* (foto) mía —dice con más ánimo del que le conozco.

—Sí, es una pequeña *flicka* en blanco y negro. Creo que yo tengo diez años o algo así.

La fotografía no parece tener otra historia aparte del hecho de haberla encontrado. Días después, vuelve hablar del tema, y añade:

—Sí, la *flicka* que encontré me tiene volando: Es increíble verme a mí mismo —dice.

—Sí —comento—, el otro día lo mencionaste.

(Y pienso, *¿y cuál es tu punto?*).

Una semana después, Richard entra a mi oficina sonriendo, y se sienta frente mi escritorio. Saca la fotografía sin decir palabra y me la entrega. No tiene más de una pulgada y él tiene un aspecto serio. Tiene mucho pelo, y como ahora se afeita la cabeza, esto parece ser un pretexto para empezar una conversación.

—Tienes pelo, Richard —le digo.

Él permanece sin decir palabra. Entonces observo al niño en la *flicka*, y me pregunto si me la ha regalado. La única forma de saberlo es devolvérsela. Lo hago y él no la recibe.

—¿Crees que hay una forma de hacerla más grande?

—Claro que podemos —le digo.

Esa semana voy la tienda de fotografía del Montebello Town Center.

—¿Puedo ayudarle, señor?

—Sí —respondo, mostrándole la *flicka* al empleado—. Hágala más grande, por favor.

El tipo duda de poder ampliar la foto considerablemente.

—Señor —le digo—, se trata de hacer esta foto más grande de lo que es.

Él puso en práctica sus conocimientos lo mejor que pudo, y la foto creció a un tamaño de casi 4x4 pulgadas, ganando cierto grano y tonalidad verdosa en el proceso.

Richard resplandeció cuando tuvo entre sus manos el producto ampliado, enmarcado y terminado.

Esta no es una historia sobre una fotografía. Es una historia de una persona cuyo "yo" se sentía demasiado pequeño luego de haber sido bombardeado con mensajes de vergüenza y desgracia. Si la gente nos dice "oveja negra" durante el tiempo suficiente, comenzaremos a creerlo. Y entonces acudimos a nuestro interior, desmantelamos el lenguaje y lo reprogramamos para poder imaginar que somos alguien.

Crecí en una casa vieja y grande. A mis cinco hermanas, dos hermanos y a mí nos dijeron que nunca subiéramos al ático, y fue lo único que necesitamos escuchar. Poco después, estábamos vendiendo tiquetes para subir al ático. En una de nuestras incursiones allí, sorteando los tablones inciertos para no caernos en el cielo raso de abajo (creo que esto explica la prohibición de mi madre) encontramos una caja con discos viejos. Había uno grueso, de color rojo arcilla, que decía: "Oh Noche Santa", Kathleen Conway (Conway era el apellido de soltera de mi madre). Bajamos las escaleras con rapidez, pusimos el disco en nuestro fonógrafo de juguete, nos acostamos boca abajo, sosteniendo nuestras cabezas atentas con las manos. Una voz gloriosa, aunque gastada y rasgada por el tiempo, se escuchó a través de los parlantes. Resultó que mi madre había sido cantante de ópera antes de tener ocho hijos. Escasamente pudimos creer que la voz que nos llamaba gritando a cenar era esa misma voz mágica que salía de nuestro fonógrafo de juguete. Escuchamos este disco en muchas ocasiones, y en consecuencia, una línea de la canción se quedó grabada de manera permanente en mi cerebro; una especie de mantra: "Por mucho tiempo el mundo estuvo sumergido en pecado y error hasta que apareció Él y nuestra alma sintió su valor". Obviamente, era una canción sobre Jesús y la Navidad; no es la descripción laboral de los seres humanos buscando la hermandad. La canción nos habla de la "aparición", recordándonos que pertenecemos unos a otros, y deberíamos permitir que nuestras almas sientan su valor.

* * *

Bandido vino a verme hace quince años. Sus cuates le habían puesto un apodo muy acertado, pues era la ilegalidad personificada. Vivía para su barrio, y robaba coches y vendía crack en Aliso Village. Pasaba mucho tiempo en prisión y siempre parecía inmune a todo tipo de ayuda. Pero ese día, quince años atrás, su resistencia se desmoronó. Se sentó en mi oficina y dijo que estaba "cansado de estar cansado". Lo acompañé a donde uno de nuestros cuatro agentes laborales, y quiso la suerte que le encontrara un empleo en una bodega. Mano de obra no calificada y un salario bajo: era su primer trabajo.

Casi quince años después, Bandido me llama un viernes casi a la hora de cerrar. Ya es el administrador de esa bodega, tiene casa propia, es casado y con tres hijos. No sabía de él desde hacía algún tiempo. No saber nada de los cuates suele ser una buena noticia. Bandido me habla con una especie de pánico entrecortado.

—G, tienes que bendecir a mi hija.

—¿Está bien? —le pregunto—. Es decir, ¿está enferma o en el hospital?

—No, no —responde—. El lunes se irá a estudiar a Humboldt College. Imagínate, mi Carolina, mi hija mayor, va a estudiar en la universidad. Pero ella es una chaparrita, y estoy asustado. ¿Crees que puedes darle una bendición de despedida?

Les digo que vayan al día siguiente a Dolores Mission, donde tendré bautizos a la una de la tarde. Bandido, su esposa y sus tres hijos, incluyendo Carolina, llegan a las 12:30 p.m. Los sitúo frente al altar, y a Carolina en el medio. La rodeamos en círculo y les digo que pongan sus manos sobre su cabeza o espalda, que la toquen mientras cerramos los ojos e inclinamos nuestras cabezas. Entonces, y como dirían los cuates, yo elevo una "oración más larga que la chingada", y antes de que nos demos cuenta, todos nos volvemos chillones y lloramos profusamente.

No estoy seguro por qué lloramos, salvo —supongo—, por el hecho de que Bandido y su esposa no conocen a nadie que haya ido a la universidad, con la posible excepción de mí. Seguramente nadie de su familia lo ha hecho. Termino la oración y nos reímos de lo sentimentales que nos hemos puesto. Me seco las lágrimas y le pregunto a Carolina.

—¿Y qué vas a estudiar en Humboldt?

Ella responde sin vacilar un solo segundo:

—Psicología forense.

—Guau, ¿psicología forense?

Bandido comenta:

—Sí, ella quiere estudiar la mente criminal.

Se hace un silencio.

Carolina se da vuelta lentamente hacia Bandido, levanta una mano, y señala a su papá, cubriéndose el dedo con la otra mano para que él no la vea. Todos lo notamos y Bandido dice:

—Sí, yo seré su primer tema de estudio.

Todos nos reímos y nos dirigimos a su auto. Todos suben a él, menos Bandido.

—¿Puedo decirte algo, *dog*? —le digo de pie en el estacionamiento—. Te felicito por el hombre que has elegido ser. Me siento orgulloso de ti.

—¿Sabes qué? —dice él con los ojos humedecidos—. Me siento orgulloso de mí mismo. Toda la vida la gente me dijo que yo era un bueno para nada. Creo que les demostré lo contrario.

Yo creo que él lo hizo.

Y el alma siente su propio valor.

*   *   *

En la primavera de 2005, la primera dama Laura Bush, decidió visitar Homeboy Industries; fue el único programa de rehabilita-

213

ción de pandillas del país que visitó durante su campaña "Ayuda a la Juventud Estadounidense". Como no podía recorrer todas nuestras instalaciones, decidimos que visitara nuestra fábrica Homeboy Silkscreen. Su equipo y el nuestro planeamos una visita de una sola hora, que incluía un tour para ver a los cuates estampando camisetas y una mesa redonda con varios participantes y personal entrenado de nuestra organización. Todo estuvo muy bien, y los más de treinta cuates y cuatas invitados a participar realmente se emocionaron de estar cerca de la esposa del presidente de los Estados Unidos.

Al Gore había visitado Homeboy Bakery cuando era vicepresidente en 1997. Su visita, y la de la señora Bush, hicieron que varios equipos de agentes del Servicio Secreto llegaran a nuestras instalaciones. Varios francotiradores fueron apostados en los techos, soltaron perros que detectaban bombas, y agentes malhumorados me pedían los nombres, fechas de nacimiento y números de seguro social de todas las personas que estuvieran a un escupitajo de distancia del vicepresidente o de la señora Bush. En ambos casos, y después de suministrar una lista detallada, un agente me la devuelve disgustado, y dice:

—Mmmm, bueno, padre... es decir... esta gente TIENE PRONTUARIOS.

Durante el verano, después de la visita de la Primera Dama, recibo una llamada de una de sus colaboradoras para invitarme a participar en una conferencia de Ayuda a la Juventud Estadounidense, realizada en la Universidad Howard en Washington, D.C., el mes de octubre. Acepto, y rápidamente agrega que la señora Bush espera que lleve a tres cuates conmigo.

Ahora, no puedo saber con certeza si la Primera Dama realmente dijo la palabra "cuates". Esta mujer me informa después de la conferencia —que dura todo el día—, que algunos de los participantes serán invitados a cenar en la Casa Blanca. Es cierto que en esa casa han vivido delincuentes, pero podría ser la primera vez que miembros de pandillas hayan puesto sus pies en su interior.

Escojo a Alex, a Charlie y a Felipe. Supongo que si le hubiera pedido a un comité que eligiera a tres cuates, podrían haberlos escogido. Son grandes, tatuados y han pasado tiempo en prisión. Tienen un aspecto amenazador. Felipe ha trabajado para mí en la cuadrilla de graffitis desde que salió de prisión, antes de conseguirle un empleo mejor. Tiene un carácter sólido, es articulado e inteligente, y le pido que hable en la conferencia. Conozco a Charlie desde hace más de veinte años. Él y su gemelo eran personajes habituales de los proyectos; les gustaba más fumar "kools" que estar con sus compañeros de pandilla. Charlie tiene una prótesis, pues recibió varios balazos en la pierna por parte de una pandilla rival frente a una casa, durante la celebración de un bautismo. Alex es de contextura fuerte, tiene alrededor de veinticinco años, es apuesto y tiene tatuajes en el cuello. Los tatuajes de la mejilla y la frente son menos visibles que antes. Le han hecho treinta y siete tratamientos con láser (necesita noventa y seis más). Es un tipo sencillo y nunca le fue bien en la escuela. Una vez, mientras estábamos en un juego de los Dodgers cantando el Himno Nacional con la mano en el corazón, Alex me confesó: "¿Sabes? No podría diferenciar entre mi mano derecha y mi mano izquierda, de no haber sido por el juramento a la bandera".

Como asistiré a la Casa Blanca, pienso que ellos no pueden entrar allí con pantalones Dickies talla 85, así que vamos a la tienda de ropa Men's Wearhouse. Tan pronto entramos a la tienda, todos los vendedores se abalanzan sobre nosotros en la puerta de la entrada, como para decirnos: "¿Cómo podemos ayudarles a que se vayan de nuestra tienda tan rápido como sea posible?".

—Necesitamos unos trajes —les digo, señalando a los cuates—. Asistirán a una cena en la Casa Blanca.

Si hubiera una escala de Richter para medir el "blanqueo de ojos", éste sería "el mayor jamás registrado".

Los vendedores mandan rápidamente a los cuates a los vestidores. Yo me detengo a mirar corbatas, cuando Alex aparece silenciosamente y se para frente a un espejo de seis caras. Alex, el de la cara cubierta con tatuajes y el corazón cubierto con... bueno, con nada, está vestido con un traje. Solo, con la boca abierta, observándose a sí mismo. Está hipnotizado por el tipo con traje que ve en el espejo.

El trabajo de Alex en Homeboy es ayudar a supervisar a nuestros trabajadores de medio tiempo en sus labores de mantenimiento en la sede. Sin embargo, lo que más hace es dirigir tours. Aunque inicialmente se resistía a hacerlo, Alex ha llegado a dominar este oficio con cierto grado de deleite y con su sello particular de garbo. Recibe a los invitados en la puerta principal, les presenta a los agentes laborales, explica nuestro programa y les da lentes para que puedan observar la remoción de tatuajes en nuestras instalaciones. Sus tours son buenos. Bienaventurados sean los sinceros. Jesús se refería a Alex. Pocos corazones son tan auténticos y puros como el de este joven.

Me acerco a él con el mismo cuidado que tendría para acercarme a un ciervo en el bosque.

Hermandad

—¿Te sientes bien?

Sus ojos no me miran: Está transfigurado.

—Rayos, G —dice, haciendo lo que sólo puede describirse como un asomo de baile—. Ya me estoy pellizcando.

Como si no pudiera creer que llevara un traje, y que el tipo que lo lleva asistirá a la Casa Blanca.

Una semana antes de volar a Washington, llamo a Alex a mi oficina.

—A propósito —le pregunto—, ¿tu oficial de libertad condicional te dio permiso para ir a Washington?

Alex hace un gesto y desestima mi pregunta.

—Por supuesto.

Yo suspiro aliviado. Se hace una breve pausa, y Alex dice con timidez renovada:

—Mmm, bueno… sí… ella me dijo que no.

—¿QUÉ? —pregunto sin querer—. ¿Y cuándo me ibas a contar esto?

—Bueno, realmente —me dice completamente derrotado—, no iba a decírtelo. Temía que no me dejaras ir.

Le digo que tome asiento.

—Escucha, mijo, tenemos que hacer esto del modo correcto.

Mientras él está sentado allí, llamo a su agente por teléfono. Después de explicarle amablemente los detalles, ramificaciones e importancia de este viaje, ella escucha y sólo dice, "No; alto control". Alex requiere más vigilancia y una "cadena" más corta, debido a una mezcla de delitos anteriores, tiempo pasado en prisión y comportamiento en general en el pasado. Le pido hablar con su supervisor, quien me dice:

—No; alto control.

—Hay alguien —le pregunto—, ¿que esté arriba de usted en la cadena de mando?

Me dejan esperando un buen tiempo hasta que el tercer oficial declara: —De ningún modo; alto control.

Todos parecen decir: "Oye, Alex, ¿exactamente quién crees que eres? ¿Piensas que vas a ir a cenar a la Casa Blanca?".

Muchos faxes enviados por el Departamento de Justicia y numerosas peticiones de la oficina de la Primera Dama hacen que, finalmente, el día antes de nuestro viaje, le den permiso a Alex.

El día de nuestro vuelo es un desastre. Todos los cuates llegan tarde y permanecemos atrapados en el tráfico matinal. Les pregunto:

—¿Todos ustedes traen sus documentos de identidad?

Se hace un silencio. Una voz solitaria (Charlie) proveniente del asiento trasero dice, "Mierda". Tenemos que regresar.

Dos días después, cuando deben ponerse los trajes para la conferencia y la cena en la Casa Blanca, descubrimos que el pobre Alex ha perdido sus pantalones. Rastreamos el caso (después de que Alex haya corrido por la casa de mi hermano en Washington gritando, "NO TENGO PANTALONES"), y sin duda alguna, sucedió cuando Alex corrió hacia mi auto en la oscuridad de las primeras horas de la mañana. Tenía su bolsa de gimnasio colgada de un hombro, y en el otro su traje de Men's Wearhouse, cubierto con un plástico abierto por debajo. Seguramente, debido a la emoción y la prisa por subir a mi auto, el movimiento hizo que los pantalones resbalaran del gancho y cayeran en la acera o en la alcantarilla, donde seguramente un vagabundo está actualmente complacido con su nuevo atuendo.

Mi cuñada hace las veces de MacGyver, le pasa unos pantalones de mi hermano, y estamos listos para ir a la conferencia y a la Casa Blanca.

Allí, los camareros recorren los pasillos llevando altas copas de vino blanco en bandejas de plata. Los cuates se las arrebatan de volada. Todos los salones —el azul, el verde y los de diferentes colores— parecen tener un elegante grupo de música o banda de cobres. El buffet se realiza en el Salón Dorado. Nunca en mi vida he visto ni probado comida más exquisita. Repito tres veces. Costillar de cordero: una verdadera perfección. Un salmón del tamaño de una tula. Pastas, ensaladas, papas blancas pequeñas, cortadas a lo largo, y cuidadosamente rellenas con caviar decorado con un poco de cebollino. Estoy junto a Alex cuando él se lleva uno de esos manjares a la boca. Y de manera casi instantánea, y sin el menor indicio de discreción, escupe la papilla en una servilleta y dice, "ESTA MIERDA SABE MAL". El volumen de sus palabras hace que varias cabezas giren en su dirección, y tal vez sea mi imaginación, pero es seguro que el Servicio Secreto se dirige hacia nosotros.

Al día siguiente volamos a casa, y a mitad del vuelo, Alex dice que necesita ir al baño.

Alex regresa cuarenta y cinco minutos después.

—Oye, qué pasó cabrón, creí que te habías caído.

—Ah —dice Alex con su inocencia típica—, estaba hablando con esa dama de allá.

Miro alrededor y veo a una azafata atrás.

Alex hace un gesto.

—La hice llorar. Espero que no haya problema.

—Bueno, Alex —le digo—, eso depende de lo que le hayas dicho.

—Buenooo —comienza a Alex—, ella vio mi camisa de

Homeboy Industries y mis tatuajes, y empezó a hacerme preguntas acerca de las pandillas y yo...

Hace una pausa con un poco de vergüenza.

—Le di un tour por la oficina.

Alex lleva a esta mujer por nuestra oficina a 34.000 pies de altura. Le presenta a nuestros agentes laborales, le explica nuestro programa de libertad condicional y le presta lentes para que observe cómo se borran los tatuajes.

—Y le dije que anoche habíamos hecho historia —señala visiblemente emocionado.

—Por primera vez en la historia de este país, tres miembros de una pandilla entraron a la Casa Blanca. Cenamos allá... y le dije que la comida tenía un sabor desagradable.

Hace una pausa y se queda quieto.

—Y ella comenzó a llorar.

Yo permanezco inmóvil.

—Bueno, mijo, ¿y qué esperabas? Ella simplemente vio un destello tuyo. Vio que eres alguien. Ella te reconoció... como la forma del corazón de Dios. Algunas veces las personas lloran al ver eso.

La hermandad aflora súbitamente —dos almas sintiendo su valor, la azafata y el miembro de una pandilla, a 34.000 pies de altura—, no hay luz que los separe: Exactamente lo que Dios tenía en mente.

* * *

Si le consigues empleo a un cuate de una pandilla, ten por seguro que otros ocho cuates del mismo barrio te llamarán para pedirte empleo. Era finales de mayo de 1996 cuando llamó Chico. Yo no

Hermandad

lo conocía, pero le acababa de conseguir un empleo a uno de sus camaradas.

—Consígueme un jale —me dice con una dosis considerable de desparpajo. Esto se traduce a grandes rasgos como: "¿Crees que podrías conseguirme un empleo remunerado?".

—Bueno —le digo—, ni siquiera te conozco, *dog*. ¿Qué tal si nos encontramos antes?

Programo una visita a su casa, que no está lejos de mi oficina. Está situada sobre una colina, detrás de la escuela secundaria Roosevelt. Chico tiene dieciséis años y es de un vecindario cuyas raíces se remontan a los años cuarenta y a la época de los Pachucos.

Conozco a su mamá. Es Rosa, una mujer dulce y diminuta, que se regocija con sus hijos, y que al mismo tiempo siente un miedo evidente por el camino elegido por su hijo cholo y rapado. Su agradecimiento por mi llegada es palpable.

Chico y yo nos sentamos en el porche de enfrente. Es un chico desgarbado y de aspecto divertido. Al igual que casi todos los cuates, su corte de pelón tiene flechas largas, apuntando a sus orejas excesivamente grandes. Su sonrisa está latente, siempre asomando a la superficie y dispuesta a aflorar tras el menor estímulo. Chico es tímido y nervioso, aunque accede a ciertas conversaciones que les tomarían mucho más tiempo a otros cuates. Hablamos de su chica, de su familia, del estatus de su barrio y de los enemigos. Es un chico muy agradable, sobre todo por su atrevida petición de empleo sin que nos hubiéramos visto.

—Y si yo te consiguiera un empleo, mijo, ¿hay algún oficio que siempre hayas querido aprender?

Chico es rápido. No necesita tiempo para pensar en mi pregunta.

—Ah, sí, las computadoras. Realmente quiero aprender y conocer las computadoras.

Le aseguro que trabajaré en ello, pero sólo le prometo que haré todo lo posible.

Algunos días después llamo a Chico. Mis investigaciones me condujeron al Chrysalis Center, un centro de recursos sin fines de lucro para vagabundos en el centro de Los Ángeles. Supe que habían recibido un lote de computadoras, y les hice una oferta. Dije que conocía a Chico, que él quería aprender todo sobre las computadoras; que era miembro de una pandilla, pero quería rectificar su vida. Les dije que iba a la escuela en la mañana, y que podría trabajar en el Centro de lunes a viernes, de 1 a 5 p.m. Les digo que pagaré su salario cada semana, y que lo único que necesitan hacer es supervisarlo y enseñarle todo lo que sepan sobre computadores. Diremos que se trata de un trabajo.

Ellos aceptan.

—Ahora, mijo, comienzas a la una —le digo a Chico, exponiéndole las reglas: Si no vas el lunes por la mañana a la escuela, por favor tampoco te molestes en ir al trabajo. Sabré si no vas a la escuela. Un trabajo es un privilegio. Ir a la escuela todos los días hace que seas valioso. Tendrás dos jefes. Uno de ellos te verá el lunes, y el otro es con el que estás hablando ahora. Así que si llego a saber, y créeme que lo haré, que estás con la pandilla o haciendo algo malo, con todo el respeto y el amor, te despediré, ¿Entiendes, *dog*?

—Entiendo, G —dice—. Oye, gracias. Prometo que no te decepcionaré.

Es la una de la tarde del día lunes, miro el reloj que hay en mi pared y pienso, *Ahora Chico está entrando al Chrysalis Center*. Y cuando son las cinco, pienso, *Ahora Chico está saliendo del Chrysa-*

Hermandad

lis Center. Pienso que tal vez me llamará o visitará, y permanezco un poco más en la oficina. No tengo noticias de Chico. El martes repito el mismo acto consciente de mirar el reloj y de esperar una palabra o una visita suya. El martes se convierte en miércoles, el miércoles en jueves, y nada. Comienzo a pensar que tal vez se haya desmoronado. Tal vez le di mal la dirección, él no encontró el lugar, y le dio vergüenza llamarme. Tal vez su oficial de libertad condicional lo detuvo y él siente tanta vergüenza que no se ha puesto en contacto conmigo.

He imaginado todos los escenarios posibles y he pensado en el hecho de que Chico no se haya comunicado conmigo, cuando el jueves a las 3 p.m. comienza a salir un mensaje del fax que tengo al lado de mi escritorio. Puedo ver el comienzo de la hoja, con el logo de Chrysalis Center. El fax es una carta de Chico, escrita en un estilo rudimentario:

APRECIADO G:
ESTOY APRENDIENDO A MANEJAR UN FAX.
ESTOY APRENDIENDO UN CHINGO DE COSAS AQUÍ.
AMOR,
CHICO
P.D: REALMENTE ME ENCANTA ESTE TRABAJO.
MUCHAS GRACIAS POR CONSEGUÍRMELO.

Unos dos meses después, mientras estoy abriendo la puerta de mi oficina a las 7:30 a.m., escucho el sonido insistente del teléfono, y logro recibir la llamada. Es Rosa, la madre de Chico. Me dice que la noche anterior, Chico estaba con algunos amigos, no lejos del porche de su casa. Un auto se acercó lentamente. Se lanzaron miradas amenazantes. Bajaron las ventanillas, intercambiaron palabras, y finalmente, comenzaron a salir balas desde el asiento trasero del auto. Una de ellas se alojó en la parte posterior del cuello de Chico. La madre me dijo que estaba en la unidad de cuidados intensivos del Hospital General.

Entro a la unidad y veo a Chico allí tendido, delgado y tatuado, desnudo salvo por un pañal. Le han conectado muchos tubos, así como suero intravenoso en la nariz, boca, y brazos. Está mirando con los ojos completamente abiertos y sin parpadear en dirección al techo, absorto en las baldosas acústicas. Hay un médico al pie de su cama, garabateando notas en un bloc. Me acerco para que me informe sobre el estado de Chico.

—Sabe, padre —comienza decir el doctor—, en todos los años que llevo, nunca he visto un grado tan alto de parálisis.

El doctor se señala la parte posterior del cuello.

—Fue tan arriba, en el tronco del encéfalo, que sospechamos que puede haber daño cerebral, aunque no estamos seguros.

El médico se va, y yo me acerco a Chico. Sus ojos ni siquiera detectan que me estoy acercando; permanecen fijos en el techo, sin parpadear, abiertos más allá de su capacidad. Yo me inclino.

—Chico.

No hay ningún movimiento ni reconocimiento de su parte. Le suministro la unción de los enfermos de la Iglesia. Le unto una cantidad generosa de aceite en la frente, esperando contra toda esperanza que el bálsamo penetre en su estado paralítico, con la esperanza de que nos conduzca a algún tipo de compensación divina por este desperdicio loco y absurdo de vida. Pero esto no sucede, y simplemente me quedo pensando, menos mal que él no sabe lo que le está sucediendo.

La verdad sea dicha, me fue difícil visitarlo al día siguiente.

Hermandad

Realmente me pareció espantoso. Después de la primera visita, tuve toda una avalancha de recuerdos y la inmensidad de esta pérdida quedó grabada en alto relieve en mi interior. Todavía puedo ver a Chico con mi ojo mental, esperándome en el porche de su casa los viernes por la tarde. A diferencia de otros cuates que esperaban ansiosos sus cheques, yo nunca tuve que tocar la bocina o bajarme del auto para buscarlo. Siempre estaba allí, sentado en su porche, y yo casi siempre llegaba retrasado. Él veía mi auto rojo avanzando por la calle estrecha y en subida, y saltaba del porche y se dirigía apresurado a mi auto. Corría con un trote tontorrón y desgarbado (decididamente nada glamoroso, pues los miembros de pandillas no corren a menos que estén siendo perseguidos por funcionarios de la ley). Tenía un aire de despreocupación por ese tipo de cosas.

Él sólo quería llegar a mí (y vaya que lo hizo). Subía al asiento del pasajero y no había forma de bajarlo. Se subía para estar allí, para permanecer sentado y hablar. Su timidez reticente había desaparecido hacía mucho tiempo. Él era, como decimos, bien preguntón. Hacía una gran cantidad de preguntas. De hecho, siempre me hacía preguntas sobre Dios (como si yo supiera las respuestas).

—¿Dios se enoja si tengo sexo con mi chica? ¿Cómo crees que es el cielo? ¿Crees que Dios nos escucha?

En realidad, y mucho más valioso que el mísero salario que yo le entregaba todos los viernes por la tarde, era el tiempo que yo tenía el privilegio de pasar con él, en mi auto, mientras nos preguntábamos qué podría pensar Dios. Hasta el día de hoy, mi único remordimiento es no haber pasado más tiempo con él.

Obviamente, regresé al día siguiente al hospital. Entré y vi a Chico casi como el día anterior. Sin embargo, lo intenté de nuevo.

—Chico —le digo cerca de su oído. Sus ojos petrificados se descongelan en un instante, se posan sobre los míos, y no me abandonan. Estoy asombrado y estupefacto. Los ojos de Chico se convierten en charcos abundantes. Los míos también.

—¿Sabes quién soy yo, mijito?

Y en cuanto él puede asentir en término afirmativo, lo hace. Asiente con sus ojos, si es que eso es posible.

Busco algo qué decir, cualquier cosa.

—¿Tú sabes, mijo, que todos te queremos mucho?

Esta frase lo desarma, y llora profusamente. Realmente está sollozando. Y su rostro me dice, de una forma que no admite la menor duda: "Por favor... sácame... de este cuerpo".

Le aplico la unción como el día anterior, y pienso, la buena noticia es que está vivo. La mala noticia ahora es que él sabe lo suficiente como para desear que no lo estuviera. Nuestros ojos se entrecruzan y finalmente lo dejo, mientras salgo lentamente de la unidad de cuidados intensivos. Sus ojos quieren salir de sus cuencas. Anhelan ser trasplantados a cualquier otro lugar. Aún veo los ojos desesperados de Chico incluso después de que la puerta se cierra detrás de mí.

Una semana después, el corazón de Chico deja de latir, incapaz de sostener por más tiempo sus tribulaciones.

En el cementerio, mientras bendigo la cruz dorada que descansa sobre su ataúd y se la entrego a Rosa, se me ocurre algo. Comprendo que realmente debo dejar que aflore este dolor. Durante mucho tiempo dejé en suspenso mi profundo sentido de la pérdida, depositándolo seguramente en el fondo de mi mente.

Hermandad

Yo necesitaba estar allí para la familia de Chico, para su novia y sus cuates. Así que me doy licencia para permitir que este dolor descanse en algún lugar preciado y dispuesto de mi corazón. Cada muerte de un cuate evoca todas las anteriores, y llegan juntas en tropel. Me sorprenden con la guardia baja, así como la súbita comprensión de que el funeral de Chico es el octavo que oficio en las últimas tres semanas.

Decido alejarme del ataúd y veo un árbol solitario, no muy lejos de la multitud. Permanezco solo allí y acojo todos los sentimientos propios de esta pérdida tan lamentable. Lloro. Poco después, el empleado de las pompas fúnebres se acerca a mí. Es más un conocido que un amigo.

Él ha roto el encanto de mi dolor y ha invadido sin saberlo el espacio que he labrado para mí. Estoy sumamente molesto de que haya hecho esto. Y entonces, me siento molesto de estar molesto. Hay una obligación clara e inmediata de romper el silencio, de darle la bienvenida al empleado, por más que no haya sido invitado a mi espacio. Me quito los lentes y me seco las lágrimas. Señalo débilmente el ataúd de Chico y sé que necesito encontrar algunas palabras que llenen el aire vacío.

—Ahora —le susurro al intruso—, ese fue un chico fantástico.

Y el empleado, en una voz tan fuerte como repugnante que hace que todos los dolientes reunidos lo miren, dice:

—¿EN SERIO?

El alma se me cae a los pies. Sé exactamente qué está pensando él. Hay algo que no cabe aquí; él está totalmente desconectado y es incrédulo. *¿Cómo puede ser posible que un cholo de dieciséis años, asesinado no lejos de su casa, sea un chico fantástico?*, piensa él.

Pero, ¿quién no se sentiría orgulloso de reclamar a Chico entre los suyos?

Su alma siente su propio valor antes de marcharse.

La incredulidad del empleado me recuerda que la hermandad sigue siendo esquiva. Su ausencia afirma que cualquier esfuerzo para ayudar a alguien como Chico bien podría ser un desperdicio de nuestro tiempo colectivo.

"Pero en este lugar en el que dices que hay un desperdicio, se escuchará de nuevo la voz del regocijo y la voz de la alegría... las voces de quienes cantan".

Y las voces son escuchadas en las márgenes y el círculo de la compasión se amplía. Las almas sienten su valor, negándose a olvidar que pertenecemos unos a otros. Ninguna bala puede atravesar esto. La visión aún tiene su tiempo, y, sí, insiste en su materialización. No nos decepcionará. E incluso si demora, seguramente podemos esperarla.

Agradecimientos

San Pablo nos invita a "dedicarnos a la gratitud", y eso haré a continuación.

Estoy profundamente agradecido con Hilary Redmon de Free Press por darle una oportunidad a este libro. Su claridad, compasión y brillante labor de edición no dejaron de sorprenderme. Muchas gracias a Sydney Tanigawa por su fiel asistencia de principio a fin. Gracias a Kathryn Higuchi, editora de producción, y al ojo legal de Jennifer Weidman, y a Christine Donnelly, la publicista. David McCormick, mi agente, siempre entendió lo que quería ser este libro, e hizo que fuera así. (Gracias a Sally Willcox por presentarme).

A mis padres, Bernie y Kay, por enseñarme cómo debe ser el "no importa qué". A mis hermanas y hermanos, a sus esposas, mis sobrinas y sobrinos por la frescura de su risa y alegría.

Estoy muy agradecido con la Sociedad de Jesús por el hogar que ha sido desde 1972, y especialmente a mis hermanos jesuitas de la Casa Luis Espinal. Son muy numerosos para mencionarlos a todos. A mi superior provincial John McGarry, S.J., y al superior de mi comunidad, Scott Santarosa, S.J., por su apoyo y confianza inquebrantable.

Agradezco profundamente la constancia de mi junta para di-

Agradecimientos

rigir Homeboy Industries. Debo darles una mención especial a Mike Hennigan y a David Adams por su capacidad.

A mi muy amado Concejo: Verónica, Mary Ellen, Quintín, Mario, Louis, Hectorious, Tin-Tin, Fabián y Shirley. ¡Qué honor es tener la alegría de estar con ustedes en la bendición que es Homeboy Industries!

A Rubén y Cristina, a Paty, Kevin, Junior y Anna por su amistad, liderazgo y bondad en la dirección de nuestro negocio.

Gracias especiales a Norma Gillette por su servicio fiel a Homeboy y por tipear los primeros borradores de este libro.

Estoy agradecido con todos los hombres y las mujeres que han trabajado en Homeboy a lo largo de estos veinte años.

Leslie Schwartz fue la partera de este libro, alimentándolo y depurándolo cuando yo tenía muchas dudas.

La abundancia de gratitud que hay en mi corazón va dirigida a esos amigos que nunca me han fallado durante estos años. La lista incluye algunos que leyeron fragmentos de este libro y me dieron ánimos para seguir: Tom Weston, S.J.; Tyler Hansbrough; Jane y Phil; Magonia; Peter Horton; Laura Chick; Tom Molettaire; Gary Yamauchi; Paul Lipscomb y Lynn; mi primo Tom; Charlie y Tina; Proyecto Pastoral; Cheryl y Mac; George Horan; Wendy Gruel; Rob y Joanne; Antonio, Emma, y Richard Mejico; a la maravillosa Cara Gould (una verdadera institución en Homeboy Industries); Javier y Jan; Howard Gray, S.J.; Joe y Rulis; Mike y Shelley; Joe y Angélica; Bebee; Diego y Polly; Don Smith; Bob Lawton, S.J.; Nick Pacheco; Claire Peeps; Hilda Solís; Gil Cedillo; Bob Hertzberg; Tom Carroll, S.J.; Kevin Ballard, S.J.; Tin Rutten y Leslie; las hermanas de Whitethorn; Mark Ciccone, S.J.; Chick y Anita; Sr. Claudia; Ed Reyes; Andy Alexander, S.J.; Culture Clash; Jim Hahn,

Agradecimientos

Jeff y Catherine y la Comunidad Católica de Trabajadores; Martin Sheen; Mary Nalick; Frank Buckley, S.J.; Jose Huizar; Sen. Barbara Boxer; Dick Riordan; Rich Grimes; Anjelica Huston; Robert Graham; Blinky Rodriguez; Antonio Villaraigosa; Robert Egan; Emily; Michelle, Santi, Pasky, Alison; Carlos y Luz; Carlos del IRS; Doug; Tom Smolich, S.J.; Theresa Karanik (OTI, PRGFF) y Alan; Ted Gabrielli, S.J.; Joan Harper; Jorja Leap (por ahorrarme los paréntesis y presentarme a Mark y Shannon); Mark Toohey, S.J.; Terry Gross; Gil Garcetti; la maravillosa y siempre fiel Carol Biondi; Sandra Ruth Diana; Bob Pecoraro, S.J.; Mike Kennedy, S.J.; John Lipson; Tom Brokaw; Fabian Montes; mi "prima" Kathleen; Marqueesi, por destilar sabiduría y conocimientos en Paseo; Robert, por los mensajes telefónicos inesperados; Becca; los Cusenza; White Memorial; Eileen McDermott; Sr. Patricia; Alice y Jim Buckley; Eric Robles; los Maguire; Paul Miera; Buzz; Dennis Gibbs; Chris Ponet; "Sr." Patty Bartlette; Jamie, Ethel y Kerry Kennedy; la legendaria Mary Ridgway; Bo Taylor; Connie Rice; Ernie Martinez, S.J.; Ed Guthman; los Tortomasi; Steve Privett, S.J.; Greg y Lorenza; los Waldron; Jim Grummer, S.J.; Mary Kay y Michael; Luis Rodriguez; Steve y Huey; Dennis Baker, S.J.; Paul Locatelli, S.J.; Brian y Lynn; Mike Engh, S.J.; Grant Dwyer; Tenny Wright, S.J.; Steve Soboroff; Tom y Lily; Enrique, mi héroe del Eastside; Pam Rector; Rick Cummings; Leonardo y Teresa; St. Louis Pharmacy; Bob Ross; Ray Stark; Fred Ali; Mark Ridley-Thomas; Zev Yaroslavsky; Don Knabe; José Ramírez; Gary Yates; Tom y Brigid La Bonge; Peter Byrne, S.J.; Wendy Stark; Vickie Rogers; Tom Hayden; Janis Minton; Nancy Daly; Nane; Alex Sánchez; Dr. Brian Johnston; Grover; Jim y Rob; Dave Mastroangelo, S.J.; "Haftrak"; Jeanette Van Vleck, C.S.J.; Mark Potter; Elias

Agradecimientos

Puentes, S.J.; "Fulano de Tal"; Wallis Annenberg; David Price; Sonny Manuel, S.J.; Richard Atlas; Dorothy y Aliso Check Cashing; Mario Prietto, S.J.; Buddy y Sara; Barney Melekian; Laura Bush; Antonia Hernandez; Charlie Beck; Jeff Carr; Ellen Ziffren; Jane y Harry; Bill Bratton; Teddy; Eric Johnson; John y Carol; Walter McKinney; Myrna; Lupe Mosqueda; Brian O'Neil; Francis Porter; Mike Adams; Scott y Jeanie Wood; Sen. Paul Wellstone; Kathy Sánchez; los Lillig; Paul Seave; Lee Baca; Ed Roski; Jackie Goldberg; Juan y Cuscatlan Optical; Romie; Ed Bacon; Arianna Huffington; Doctores Barnes, Kennedy, Khan, Mohrbacher, Pacino y todos los que borran tatuajes; Jim Rude, S.J.; obispos Gabino Zavala y Joe Sartoris; Fr. General Adolfo Nicolas, S.J.; mis estudiantes de Folsom; John Woolway; Jack Clark, S.J.; Suzanne Jabro, C.S.J.; Jimmy McDonnell; Andrea Montejo; Santiago Ochoa; Joe y Dora; Jimmy Blackman; Sr. Peg Dolan; John Bohm; mi querida Consuelo (HT); Joe y Deb; las enfermeras de Norris; los colonos de Islas Marías; Xochitl y las chicas; las madres de Dolores Mission y la fuerza fundadora de Homeboy: Teresa Navarro; Paula Hernández; Rosa Campos; Rita Chaidez; Esperanza Vásquez; Lupe Loera; Sofía Guerrero; María Torres; Lupe Ruelas; Esperanza Sauma; Pam McDuffie; La Uva; y Yolanda Gallo; y a todos mis compadres, comadres y ahijados.

Y especialmente a Al Naucke, S.J. ("Y luego... SF"), por los viajes, las cenas de la junta y por personificar el cuidado de la Sociedad; A Bill Cain, S.J., por el regalo de compartir "Las Dos Estaciones" y mostrar siempre lo espacioso que es el corazón de Dios; a Jim Hayes, S.J., el mejor de los amigos, que siempre me invita a una mayor integridad y esplendor; y a Celeste Fremon por la amable amistad del alma de nuestras vidas en consonancia.

Agradecimientos

Finalmente, a los miles y miles de cuates y cuatas mencionadas o no en este libro. Conocerlos a ustedes me ha cambiado para siempre y me ha mostrado el rostro de Dios. Es a ustedes a quienes dedico mi corazón y este libro.

* * *

Para mas información:

www.homeboy-industries.org
Homeboy Industries
130 W. Bruno St.
Los Angeles, CA 90012
(323) 526-1254

Sobre el autor

Gregory Boyle se ordenó como sacerdote jesuita en 1984. Recibió su Máster de Divinidad de la Escuela Jesuita de Teología Weston; un Máster en Teología Sagrada de la Escuela Jesuita de Teología en Berkeley, y un posgrado en Inglés de la Universidad Loyola Marymount. En 1988, el padre Boyle dio inicio a lo que más tarde sería Homeboy Industries, actualmente localizadas en el centro de Los Ángeles. El padre Greg recibió el premio de Paz de California, el premio Humanitario del Año por parte de Bon Appétit; el Premio a la Persona Más Solidaria de 2007 otorgado por el Caring Institute; y la Medalla al Honor Cívico por parte de la Cámara de Comercio de Los Ángeles.

Desde 1986 a 1992, el padre Greg fue el párroco de Dolores Mission en el vecindario Boyle Heights de Los Ángeles. La iglesia está localizada entre dos grandes proyectos de vivienda, Pico Gardens y Aliso Village, conocidos desde hace varias décadas como la capital pandillera del mundo. Hay 1.100 pandillas con 86.000 miembros en Los Ángeles, y Boyle Heights tiene la mayor concentración de actividad de pandillas en la ciudad. Desde que el padre Greg —conocido afectuosamente como G-dog— dio inicio a Homeboy Industries hace más de veinte años, ha prestado sus servicios a miembros de más de la mitad de las pan-

235

dillas en Los Ángeles. En las diversas actividades realizadas por Homeboy Industries —panadería, estampados, jardinería—, la militancia en las pandillas es dejada a un lado y los jóvenes trabajan juntos, lado a lado, aprendiendo el respeto mutuo que resulta de construir algo en conjunto.